Más allá de un *quiz*,
mucho más que un *paper*...

¡Cómo hacer un ensayo!

Segunda edición

DELF

Êthos Publishing House

Primera edición: marzo de 2019
Por esta edición: septiembre de 2020

Más allá de un *quiz*, mucho más que un *paper*... *¡Cómo hacer un ensayo!*
DELF (Daniel Ernesto López Fetzer)

ISBN: 978-1-7336920-1-4

© 2019 ETHOS PUBLISHING HOUSE LLC
90 STATE STREET, SUITE 700, OFFICE 40, ALBANY, NEW YORK 12207
Tel.: 1-315-3704894
Correo: ethospublishinghouse@icloud.com

De la edición general: Karen Cancinos
De la validación: Paola Ovalle Castillo
Del arte de la portada: Michelle Escamilla
Del diseño de la portada: Punto Mandarina
De la dirección de arte: Amado Solís Montes De Oca
De la edición metodológica: María Lorena Castellanos Rodríguez

Reservados todos los derechos. Para más información comuníquese a la editorial

A quienes lo hicieron posible:
mi más cálido agradecimiento

Índice

I. Presentación 9

II. Justificación, definición y formas exitosas para elaborar un ensayo ... 11
- Ante una situación en particular
- ¿Por qué no un ensayo?
- ¿Qué es un ensayo? Hacia su definición
- ¿Cómo hacer un ensayo?

III. Forma I: Ensayos que tienen por objeto dar respuesta a inquietudes personales 23
- En torno a las inquietudes
- El punto de partida: una situación en particular
- Dos pasos principales para elaborar ensayos bajo esta forma
- Ejemplo de la Forma I

IV. Forma II: Ensayos que tienen por objeto justificar una tesis 39
- Hacia la definición: ¿Qué es una tesis?
- El papel de las razones: la defensa de una tesis
- Usos o propósitos de los ejemplos: ¿Ilustración de las razones?
- Ejemplo de la Forma II

V. La penúltima tarea. ¡Y la última! 53

VI. Palabras finales: mi propósito 55

VII. Apéndice 57
- ¿Cómo aplicar la Forma I a los requerimientos básicos de un profesor?
- ¿Cómo aplicar la Forma II a los requerimientos básicos de un profesor?
- Ejemplo de rúbrica: nivel principiante e intermedio
- Criterios para rúbrica: nivel avanzado y experto
- Análisis práctico del ejemplo de la Forma I
- Análisis práctico del ejemplo de la Forma II

VIII. Bibliografía... 75

IX. Páginas de internet consultadas... 77

X. Sobre el autor... 79

Presentación

Hoy prevalece el uso del *paper* en las altas esferas del mundo académico, ya sea como una forma de presentación —y/o validación— de resultados, ya sea como el proceso de elaboración de los mismos. En cualquier caso, pareciese que si no se trabaja a partir de un *paper*, se está fuera del ámbito académico.

Profesores, estudiantes, pensadores, investigadores, tratan de acoplarse a los estándares del *paper* por especialidad —de revistas académicas, por ejemplo—, a fin de darse a conocer, ganar prestigio, o simplemente para conservar o mejorar su relación académica.

La influencia del *paper*, aun cuando es una oportunidad global —como forma de presentación de resultados—, ha llegado a tal punto —como arbitraje de procesos— que tiende a marcar la pauta respecto a cómo debe elaborarse un trabajo de graduación, una investigación, una recensión, un ensayo.

De ahí que resulte sumamente importante no equiparar todo medio intelectual con un *paper*. Hay otros medios que no tienen porqué ser reducidos a un estilo único —formal o sofisticado—, ni deben estar enfocados en los intereses de una comunidad académica, como un *academic paper*.

Para dar solución eficaz al problema, es ideal un medio emblemático, de estilo no definido, de propósito personal, posibilitado por quienes no adoptan sin cuestionar los parámetros de una comunidad académica, o por quienes necesitan de un medio abierto, es decir, ¡un ensayo!

Ahora bien, este libro no tiene como fin descartar el *paper*, pero sí enfatizar que el género ensayo es *mucho más* amplio que este en cuanto proceso. Por eso no se les debe equiparar, aun cuando las respuestas, las soluciones o los resultados de un ensayo se presenten en formato *paper*.

Este libro tiene como propósito el compromiso con la excelencia, aunado a la convicción de que abrir paso al potencial personal no es reductible a un *quiz*, no puede ser trazado por alguien, y no es factible de ser dirigido siquiera.

En las primeras páginas de la obra quedará justificado el uso del género ensayo. Luego se dará a conocer una definición inédita (será un honor estudiar una mejor propuesta). Y por último, serán expuestas dos formas exitosas para elaborar ensayos, ilustradas a partir de dos ejemplos controversiales.

Sin más que agregar, he aquí finalmente el producto de siglos de tradición, del uso intelectual más provechoso de la mente, y del resultado de mis pensamientos, sueños, pasiones, esperanzas, esfuerzos y experiencias de muchos años...

Daniel Ernesto López Fetzer
21 de septiembre de 2020

Justificación, definición y formas exitosas para elaborar un ensayo

Ante una situación en particular

Si fuese posible radiografiar a un estudiante, no a fin de medir su rendimiento, sino para determinar cualitativamente su reacción ante una prueba o ante algún tipo de participación académica, no sería extraño observar cómo sus miedos, ansiedades, desintereses y otras fuerzas similares, juegan a menudo en su contra. Si fuese posible radiografiar, además, su temperamento, hábitos (virtudes o vicios) y, principalmente, el *estado de [su] carácter* [1], no sería extraño observar cómo sus inclinaciones naturales, vicios y demás rasgos deficientes de carácter «le cierran el paso a su potencial»[2].

Ahora bien, más allá de la existencia de radiografías de ese tipo, lo relevante para un estudiante es que enfrente o solucione lo implícito entre líneas en el párrafo anterior, es decir, su situación personal (económica, emocional, académica, intelectual o de cualquier otra índole). Puesto que si ante ella hace caso omiso o no asume su responsabilidad, por ser esta una tarea estrictamente personal, jamás logrará «abrir paso a su potencial».

De ahí que sea de vital importancia para un estudiante, muy por encima de la nota de una prueba, o de muchos fracasos, el salir exitoso tras la «prueba» que realmente importa, es decir, la que califica su fuerza de voluntad, temple, virtudes —morales e intelectuales— y determinación, ante una situación en particular.

---

[1] Esta interpretación de lo que acontece en la realidad moral de una persona, es decir, el *states of character*, es la traducción-interpretación que Sir W. David Ross le dio al vocablo griego *éthos*. Este vocablo, ahora bien, es uno de los conceptos mejor desarrollados por Aristóteles. No sé de otro que lo supere (ni siquiera en estos días). Por otra parte, el filósofo Aranguren lo tradujo como: «Modo de ser inespecífico». Asimismo, podría traducirse como «configuración del carácter» (versión propia). En otras palabras, el *éthos* de Aristóteles no se puede traducir burdamente como «carácter», pues es el «estado», «modo de ser inespecífico» o «configuración del carácter», es decir, la configuración de hábitos, buenos o malos, forjados en una persona en un momento determinado de su vida.

[2] O, dicho de otro modo: ¿Existen, acaso, mejores resultados para un estudiante que aquellos que obtiene cuando realiza alguna tarea que le produce pasión y, al mismo tiempo, es bueno realizándola (potencial)? Pues, ¿qué sentido tiene realizar tareas en las que «se es bueno» (capacidad, destrezas, etcétera), pero que no generan pasión? O, ¿qué sentido tiene realizar tareas que generan pasión, pero en las cuales «no se es aún lo suficientemente bueno»? Para abrir el paso al potencial personal, por lo tanto, se requiere al menos de ambas condiciones.

¿Por qué no un ensayo?

Por otra parte, a fin de ganar la «prueba» antes mencionada, ¿por qué no hacer uso de un medio «no equiparable» a un formato académico, «no ajustable» a una moda intelectual, y definitivamente «ajeno» a cualquier propósito impersonal? ¿Por qué no hacer uso del medio llamado ensayo?

Este medio, a diferencia de muchos otros, no es una tarea sujeta a fines que no son propios y no interesan a quien reflexiona, a ideas que no le interpelan y no le convencen[3], o al tipo de formatos que limitan el potencial personal[4]. Así como sucede en el tipo de tareas que, aunque gusten mucho en un principio, se convierten en fastidios cuando se realizan de manera obligatoria.

Medios ajenos a un ensayo, por otra parte, tienden a ser reductibles a tareas cerradas, específicas y limitadas, por mucho que se caractericen por su complejidad y/o sofisticación. Pero un ensayo, más allá de lo que muchos neófitos, académicos e intelectuales logran concebir, *no se reduce a ninguna de las tareas antes mencionadas*. Por el contrario, implica recursos, actividades o posibilidades intelectuales de la más diversa índole (como se justificará más adelante).

De ahí el por qué en un ensayo sea factible «hacer uso» de una síntesis (para fortalecer un argumento, por ejemplo), sin que este se reduzca a la misma. De ahí que sea factible «partir» de forma semejante a una investigación (desde una situación problemática, por ejemplo), sin que se convierta en

---

[3] Evidentemente, un estudiante no siempre saldrá convencido de todas las ideas relativas al objeto de su ensayo. Aún así, su «actitud de autoconvencimiento» debe manifestarse siempre. Ni la rebeldía por la mera rebeldía, ni la imposición por la mera imposición, por obvias razones, son actitudes que tengan cabida en un ensayo.

[4] Los mal llamados ensayos ejecutivos de una, dos o pocas páginas (en la sección «¿Cómo hacer un ensayo?» será expuesto por qué es incorrecto agregarle apellido a un ensayo), o los mal llamados ensayos académicos de un mínimo de páginas, sí son limitantes. Las razones están implícitas en las siguientes menciones: (1) por un lado, es recurrente observar a quienes se quejan porque no logran expresarse en pocas páginas y, (2) por el otro, son reiterativas las quejas de estudiantes que «no saben qué más agregar» en formatos académicos con un mínimo de páginas, tras haber agotado su punto. Por otra parte, los contextos de los ensayos en los que se requiere un tipo o tamaño de letra, márgenes, colores o requisitos similares: no son limitantes, *pues el ensayista los podría cambiar al haber finalizado su trabajo*. El estilo, sin embargo, no debe ser limitado, pues no podría ser modificado fácilmente. El tiempo debe ser tan extenso como sea posible. Son cuestionables los concursos internacionales en los que se requiere un

una. De ahí que sea factible «terminar» de forma análoga a un *academic paper* (en cuanto a estructura o formato académico, por ejemplo), sin que jamás se hubiese establecido o concebido dicho propósito. Y, si a esto se agrega que en un ensayo es factible hacer uso tanto de una estructura como de otra, es comprensible el por qué se le caracteriza, por antonomasia, libre.

Los recursos, las actividades y las posibilidades intelectuales que pueden formar parte de un ensayo, por ende, son tan vastas, que en este es factible aprovechar recursos de la más diversa índole, sin que se agote, reduzca o equipare a ninguno.

No por casualidad, pues, a partir de este medio *se abrieron paso* pensadores de estilos tan diversos, de épocas tan distantes y de aptitudes tan diferentes, como José Ortega y Gasset, George Orwell, David Hume, Séneca y Aristóteles, al grado de haberse convertido en «hitos máximos» del pensamiento histórico-mundial, ante el desconcierto, incomprensión, y hasta envidia de sus contemporáneos[5].

No por casualidad, hacia el uso del ensayo han emigrado los personajes (librepensadores, estudiantes inadaptados) que no soportan vivir bajo el «ideal» de un gobierno específico (el que impone un modelo de sociedad), o quienes sencillamente no logran adaptarse a las «tareas de interés», «lineamientos» o «demás estatutos» de una comunidad académica (o de otro tipo), por mucho que se identifiquen con sus ideales, por mucho que amen pensar. Puesto que ante la ausencia de libertad o ante la presencia de tanta obligatoriedad, la inconformidad, la aversión y hasta la asfixia, tarde o temprano, se apoderan de quienes se han habituado a pensar por sí mismos.

---

ensayo en pocas horas. ¿Qué pretenden lograr con esos concursos? ¿Es acaso provechoso este medio para «pensar con rigor»?

[5] Evidentemente, cada caso tiene peculiaridades muy específicas y hasta difíciles de identificar. Por otra parte, no es nueva la limitada visión (entre otros factores) de directores, decanos y de hasta rectores universitarios que le han cerrado las puertas a mentes brillantes. Un caso emblemático es el de David Hume en la Universidad de Edimburgo. ¿Por qué a este referente mundial se le negó la cátedra de ética? ¿Por qué no le dieron otro curso? ¿Acaso los catedráticos contratados obtuvieron una décima del logro de Hume? A esto se podría responder que algunos catedráticos sí cumplen la función de una universidad, que es, entre otras: «impartir clases». Además, se podría responder que las universidades tienen fines específicos definidos. ¿«Pero», «Acaso», «Sin embargo», de esta forma de hacer universidad se posibilitarían nuevas ideas, propuestas o soluciones, del tipo que implican éxito?

¿Qué es un ensayo? Hacia su definición

Ahora bien, si al resultado de pensar por sí mismo se le llama ensayo, y si este medio implica posibilidades y actividades intelectuales de la más diversa índole, limitadas o inexistentes en otros géneros, ¿qué es, en definitiva, un ensayo?

En primer lugar, considérese que la mejor forma de responder a la pregunta anterior es a partir de una definición, a fin de eliminar la ambigüedad y reducir al mínimo posible la vaguedad que tanto caracterizan a otros tipos de respuestas[6]. No obstante, definir un ensayo constituye un reto de tal grado que en su intento han fallado hasta ensayistas de renombre.

Por un lado, hay quienes explican que es una «ciencia», un «juicio» o una simple «opinión»; por el otro, no faltan quienes lo dan a entender como una «composición en prosa», una «forma poética», y hasta como el resultado de «cualquier forma de expresión». Por lo demás, únicamente algunas definiciones («la ciencia, menos la prueba explícita», «la poetización del saber», «el centauro de los géneros», entre otras) están por encima de las vagas explicaciones antes mencionadas, aun cuando solo se las pueda validar —a fin de elaborar una definición adecuada— como referentes incipientes de un punto de partida.

Pues, ¿cómo validar definiciones disímiles en género y en característica específica? O, ¿cómo determinar que un ensayista erró y otro acertó? ¿No será, más bien, que ninguno falló en definir correctamente *una parte* de ese todo al que se le conoce con el nombre de ensayo?

---

[6] Si se responde con un concepto y este tiene distintos significados (ambigüedad), ¿cómo escoger el correcto?; si se responde con un significado y este no explicita la naturaleza de un objeto o es aplicado de manera distinta según un contexto diferente (vaguedad), ¿cómo determinar las características de un objeto?; si se responde con un dato (resultado de una fórmula, por ejemplo) sin ni siquiera hacer referencia a la teoría que la posibilitó (como cuando se responde que la gravedad es 9,80665 m/s^2.), ¿cómo determinar si algún tipo de información o característica corresponde al fenómeno en cuestión? En contraste, por medio de una definición (cuyo propósito es delimitar y hacer explícito un objeto, proceso o fenómeno), sí es factible obtener una respuesta adecuada a la pregunta «¿Qué es un ensayo?».

No obstante, el primer paso para resolver cualquier dificultad en torno a la definición de un ensayo, versa en entender qué es una definición o qué se espera de ella, más allá de este caso en particular.

De una definición, pues, se debe esperar: la clasificación de «un objeto, proceso o fenómeno como un todo»[7], por género próximo y diferencia específica (características esenciales). El género próximo indica la clase a la que pertenece un objeto, y la diferencia específica los caracteres que lo distinguen del resto de objetos pertenecientes al mismo género. A fin de ilustrar este punto, basta hacer referencia a la definición de cualquier triángulo. De la definición de un triángulo, por tanto, se debe esperar su género próximo (figura geométrica) y su diferencia específica (tres lados y tres ángulos); dado que no pertenece a cualquier tipo de figura ni está constituido por un número ajeno a los tres ángulos. En consecuencia, un triángulo correctamente definido es «una figura geométrica constituida por tres lados y tres ángulos».

A un ensayo, sin embargo, no se le puede definir con la misma facilidad. Entre otras razones, *porque sus «características esenciales» (género próximo y diferencia específica) no saltan a la mente como en el caso del triángulo, ni pueden ser percibidas con la inmediatez con que se presentan en una silla, mesa o banco.* ¿Acaso alguien confunde un triángulo con un rectángulo o una silla con un banco? Las características esenciales de estos objetos se presentan a la mente con tal claridad, que X o Y formación lógica (relativa a una definición) no es un factor determinante para su distinción.

No obstante, para definir un ensayo no solamente es indispensable formación lógica, sino que debe contarse además con una mente lo suficientemente aguda. Esto para identificar el tipo de características que no se agotan en las peculiaridades de cada ensayo, y que no son propias de un contexto específico (literario, científico, filosófico, académico, periodístico, etcétera), *sino que siempre están presentes*. La importancia de tales carac-

---

[7] Sin embargo, existen definiciones que no es factible elaborar a partir de la referencia a algún objeto, proceso o fenómeno. Piénsese, por ejemplo, en las definiciones negativas: ausencia de vista (ceguera), ausencia de cabello (calvicie), ausencia de coacción arbitraria (libertad), etcétera.

terísticas (esenciales, contrarias a las accidentales)[8], por ende, se funda en que son las únicas válidas para elaborar una definición.

Ya como última salvedad: nótese que un ensayo es un todo, como cualquier otro objeto. Por consiguiente, «como un todo» no puede ser definido por referencia a alguna de sus partes. Si así fuese el caso, no habría diferencia sustancial entre un discapacitado mental que llama automóvil (un todo u objeto) a un timón, a una llanta o a cualquier otra parte de un auto, y alguien que elabora una definición a partir de «descubrimientos de tecnología avanzada o de última generación», en estrecha referencia o circunscribiéndose a la parte de un todo (el objeto, proceso o fenómeno a definir)[9]. El error, sin ironía, sería el mismo.

Ahora bien, ya con tales salvedades y dificultades en mente, ¿cuáles son las características esenciales de un ensayo? ¿Cuál es su género próximo y su diferencia específica? ¿Cuál es la mejor forma de clasificarlo dado el propósito implícito en cualquier definición?

Primeramente, en cuanto al género próximo de un ensayo, lo más inmediato, perceptible o identificable, tiende a ser lo que su origen etimológico indica, lo que algunos versados entienden, y lo que a partir de su calificación por antonomasia se ha aludido tanto sobre el mismo.

De acuerdo a su origen etimológico, el género próximo de un ensayo indica: un «acto de pesar», una «prueba» (probar la calidad de) o el «movimiento de algo» (mover para hacer salir algo de un interior). Por otro lado, respecto a lo que ensayistas de renombre tienden a entender, ensayo no es más que

---

[8] Las características accidentales son aquellas que no siempre están presentes en los objetos. Por ejemplo, si el objeto es una silla, el respaldo o soporte de la misma siempre están presentes (características esenciales), pero su material (madera, metal, plástico, etcétera) no siempre lo está (característica accidental).

[9] Así por ejemplo, si se define una «unidad de almacenamiento de datos» de equipos informáticos, únicamente haciendo alusión a «discos duros», no se consideraría en la definición otras «unidades de almacenamiento», tales como las *flash memories*. De ahí, pues, el por qué en nuestros días todavía se publiciten computadoras constituidas con unidades de almacenamiento *flash memories*, como si fuesen discos duros convencionales; y por qué hasta algunos técnicos en computación, erróneamente, le llamen a las *flash memories*: discos de estado sólido.

una «ciencia», «juicio», «composición en prosa» o «poetización del saber». Por último, según su calificación por antonomasia (en el sentido de característica principal), el ensayo pertenece a un «género libre», a uno «más libre», o a uno cuya «estructura es la más libre» (libérrima).

El género de un ensayo, sin embargo, va más allá de las aproximaciones manifiestas en el párrafo anterior, puesto que ninguna se refiere de forma completa a su género. Muestra de ello, es el proceso implícito en los *Ensayos* del padre del ensayo moderno: Michel de Montaigne, ¡el primer gran referente del género!

Montaigne, como nadie más, a principios del mundo moderno se atrevió a pensar sin desdeñar el placer; es decir, osó no flagelarse en nombre del ascetismo y rechazar cualesquiera modos áridos de pensar. De ahí que no sea de extrañar que bajo la exquisitez de su estilo se valiera de recursos diversos, tales como la ironía y el uso no habitual de vocablos (figuras literarias), a compás de su ritmo. ¿Lo hizo bien? ¡Juzgue usted mismo![10] Lo innegable es que consiguió a su modo, a su estilo y a su ritmo, pensar por sí mismo.

No obstante, aun cuando no todo gran ensayista ha seguido a Montaigne ni en modo, ni en estilo, ni en ritmo[11], definitivamente han marcado la pauta como pensadores por sí mismos. Pues este género no surgió ni se desarrolló como un medio que exige asociar o repetir ideas a fin de memorizarlas, ni como un medio con el que siempre se pretende comunicarlas[12], sino como *un medio para pensar por uno mismo*. He aquí, finalmente, el género expuesto.

---

[10] Si se asocia a Mountaigne únicamente con lo que se conoce como «el dogma de Mountaigne», es porque no se conoce su obra. Que este pensador se haya equivocado en este punto (o en otros) no faculta a nadie para invalidar toda su obra y, menos aún, le quita crédito a sus aportes en el género ensayo.

[11] El modo, estilo y ritmo específico de cada ensayista denotan características accidentales en un ensayo. Es claro que en algunas configuraciones son más deleitables (como en el caso de Michel de Montaigne) o más áridas (como en caso de Francis Bacon), pero al final, lo esencial o lo siempre presente en un ensayo es que en este se debe pensar por sí mismo.

[12] Es evidente que en los mal llamados ensayos periodísticos (en la sección «¿Cómo hacer un ensayo?» será expuesto por qué es incorrecto agregarle apellido a un ensayo) uno de los propósitos primordiales es comunicar ideas. Sin embargo, ello también indica una característica accidental del género, es decir, no siempre está presente. La razón es simple: los ensayos posibilitados bajo este contexto se han ido adaptando al quehacer del periodismo. Lo mismo sucede con los mal llamados ensayos literarios, científicos, académicos, filosóficos, ejecutivos, entre otros.

Ahora bien, ¿qué otros objetos, fenómenos o procesos pertenecen al género? ¿Acaso se pueden discernir con la misma facilidad con la que un triángulo se distingue de un círculo, de un cuadrado o de un rectángulo? ¿Cuál es, pues, su diferencia específica?

Primeramente, nótese que así como un ensayo es «un medio para pensar por uno mismo» (su género), también lo es el método socrático, y algunos otros. *Lo que distingue a un ensayo, sin embargo, es la amplitud de su carácter factible.* En otras palabras, en un ensayo, como en ningún otro género, se puede hacer uso de recursos, actividades y/o posibilidades intelectuales de la más diversa índole: percepción, memoria, atención, lenguaje, imaginación, razón, entre otras potencias mentales, en casi cualesquiera modos de empleo (como modos o formas de conocer, retener información, poner atención, clasificar - conceptualizar - definir, interpretar, ilustrar - ejemplificar, entender - comprender, expresar, argumentar, etcétera).

Ello explica, por ende, por qué en algunos ensayos se ilustra algún punto a partir del uso de la imaginación, a fin de ejemplificar, por ejemplo. En otros se incorporan figuras literarias para que se comprenda más fácilmente un punto o para embellecer un texto. En otros más se acentúa considerablemente una forma de expresión, como el uso de la ironía en Montaigne, el uso sugestivo de las palabras en los ensayos posibilitados dentro del contexto periodístico, la utilización o descarte de formas artísticas, a partir del uso diverso de recursos mentales o posibilidades intelectuales.

No obstante, aun cuando un ensayista esté facultado para emplear toda una diversidad ilimitada de recursos (mentales, materiales o de cualquier otra índole), *eso no implica que podrá hacer uso arbitrario de ellos*[13]. Puesto que para que un recurso sea válido será necesario que tenga sentido lógico, responda a dicho sentido o ayude al ensayista de alguna forma (como

---

[13] Puesto que para «ensayar correctamente» o «para pensar correctamente»; es decir, para no «suponer algo» sino para «inferirlo», para «no manipular o confundir» sino para «defender una idea con sustento», o para sencillamente «no contradecirse», entre otros, es fundamental el uso lógico de cualquier recurso, actividad o posibilidad intelectual. De ahí, pues, que la «sola imaginación» no provea conocimiento certero de las cosas, por mucho que se fantasee sobre algo determinado; como el «solo lenguaje» no provea definiciones precisas, por mucho que el significado de tantos conceptos se forme por convencionalismos generalmente aceptados; como la «sola memoria» no desarrolle el juicio, por mucho que se repita el conocimiento implícito en libros de texto de alto prestigio.

su medio de impulso o para ejemplificar un punto, entre otros). He aquí, ¡finalmente!, la fuente principal de tantas confusiones.

Ahora bien, el sentido lógico en mención o el uso de la lógica en un ensayo *no debe tender a ser automatizado*. Es decir, dado que «este género no tiene una estructura definida» (¿acaso es factible determinar de antemano que cualquier estructura es lógica?), «no tiene por qué ordenarse de acuerdo a una forma lógica específica»[14] y, principalmente, no puede llamársele lógico a todo aquello nombrado como tal[15], no debe «asumirse» el empleo correcto de la lógica de forma automatizada en los enunciados de ningún ensayo. A lo sumo pueden reconocerse ciertas formas lógicas y luego utilizarse de modo automatizado. El uso de la lógica en la forma del ensayo, paradójicamente, ¡debe ser más riguroso!

Por otra parte, como última consideración previa a la definición de un ensayo, nótese que el uso ampliamente factible de recursos y/o actividades intelectuales en el mismo, tiene un propósito implícito en cualquier modo, estilo o ritmo específico de pensar.

Dicho propósito no es más que el aprovechamiento de las oportunidades que se posibilitan en un ensayo, con el fin de abrir el paso al potencial mental personal. La razón del propósito así expuesto, se basa en el hecho de que el ensayo no surgió ni se desarrolló como un medio cerrado, específico o limitado, en el que se desperdician las potencialidades de la mente (al reducir la tarea intelectual a resúmenes, por ejemplo), ni por el que se espera que todo estudiante se apasione o demuestre destrezas en las mismas actividades intelectuales (como cuando la actividad intelectual se reduce a una, por ejemplo). Por el contrario, es un medio abierto, inespecífico e ilimitado, a

---

[14] No sería erróneo que un ensayista tratara de adecuar sus enunciados a formas lógicas tales como el «*modus ponens*» o «*modus tollens*» (reglas de inferencia), por ejemplo. Sin embargo, tampoco sería erróneo lo contrario; es decir, que tratara de identificar inferencias sin atender a tales reglas. En ese caso, desde luego, tuvo que haber comprendido qué es una inferencia, más allá de enfocarse en memorizar X o Y regla.

[15] En cada ensayo, por tanto, debe pensarse si se están empleando correctamente criterios lógicos, o se está cayendo en un mero disparate. Por lo que las críticas al positivismo lógico no deben centrarse en la lógica, sino en sus errores; como las críticas relativas a lo que no ha sido «captado de la singularidad (o generalidad) de algún fenómeno» no debe imputársele a la lógica, sino a su mal o no posible empleo.

partir del cual tantísimos ensayistas han logrado abrirse paso y, consecuentemente, han aprovechado de mucha mejor forma su mente.

De aquí se desprende, pues, por primera vez, la definición de un ensayo: Un medio para pensar por uno mismo, a partir del uso no ajeno a la lógica —no tendiente a ser automatizado—, de todo aquel recurso que le abra paso al potencial mental personal.

¿Cómo hacer un ensayo?

Ahora bien, con base en la justificación y definición anteriormente mencionadas, ¿de qué forma es factible asesorar a estudiantes que principian o que están dispuestos a elaborar mejores ensayos? ¿Es posible, acaso, encaminarlos a partir de un tipo, modelo o forma de ensayo en particular? En otras palabras, ¿cómo hacer un ensayo?

En primer lugar, tómese en cuenta que uno de los errores que comúnmente se comete en la elaboración de ensayos (aunque no en el ambiente anglosajón), radica en clasificarlos por tipos o clases. Es decir, se les suele categorizar según su contexto, como ensayos periodísticos, científicos, literarios, filosóficos, académicos, ejecutivos, entre otros.

La razón del error, sin embargo, es simple: en los contextos antes mencionados predominan criterios, propósitos y atributos (informar, persuadir, interpretar, comprender, dar un formato académico, etcétera) que no siempre han estado sujetos a la lógica o a expresiones autónomas de pensar. De ahí que se entienda, en cuanto a la clasificación de ensayos se refiere, el por qué se han fijado diferentes parámetros según contextos específicos (periodístico, científico, literario) como si se tratase de cosas, tipos o clases distintas. En otras palabras, debido a la falta de claridad de lo que implica un ensayo, generalmente ¡no se le ha adoptado correctamente!

Para no cometer dicho error debe tenerse en cuenta el uso lógico de cualquier recurso de la mente y demás implicaciones referentes a la autonomía de pensamiento. De lo contrario, respecto a cómo proceder en un ensayo, *predominarán los caracteres de un contexto determinado*. Ello explica bien el por qué dentro del contexto literario, algunas veces por error se ha visualizado un ensayo como el resultado de «cualquier forma de expresión»; así como dentro del contexto científico (o que pretende serlo), tantísimas veces se ha asumido la afinidad lógica, uso lógico y/o expresión autónoma implícita en un tecnicismo[16].

Por otro lado, además de evitar el error en mención, no debe descuidarse la correcta aplicación o adaptación del ensayo a un contexto determinado. Puesto que, por no conseguirse esto último, «no solamente se han elaborado trabajos mal llamados ensayos, no sujetos a las implicaciones antes mencionadas, sino que además se ha caído en mediocres y mal logradas adaptaciones»[17].

Por lo tanto, entender la elaboración de ensayos según tipos o clases es una equivocación, puesto que lo correcto es adoptar el género y adaptarlo a un contexto determinado, no fijar lo que será cada ensayo, a partir de los atributos, propósitos y/o criterios predominantes de un contexto.

Por otra parte, en lo que no se comete error (al menos a nivel general), es en la implementación de «formas rudimentarias de ensayos»[18]; es decir, en la exigencia por acoplar la lógica y demás implicaciones autónomas de pensar a «formas» que, en cuanto a la elaboración de ensayos, han resultado más exitosas o aceptadas. En otras palabras, existen formas para elaborar un ensayo que son compatibles con lo que se requiere del mismo.

---

[16] Piénsese en el siguiente caso: si ante la pregunta «¿Qué es la gravedad?» se responde: 9,80665 m/s^2, debe tomarse en cuenta que a lo único que se ha hecho alusión es a un dato (resultado de una fórmula). En esta respuesta, de ninguna manera se ha brindado una definición o una teoría que explique el fenómeno en cuestión.

[17] Si dentro del periodismo, por ejemplo, nunca se hubiesen tomado en consideración sus atributos, propósitos o criterios predominantes, tales como «comunicar ideas a un público general» o «conseguir ser sugestivo»: jamás el género ensayo se hubiese incorporado o adaptado a dicho contexto. Por consiguiente, ¿qué sentido tendría hacer ensayos ajenos a los atributos, propósitos o criterios predominantes en el periodismo, si no se está dispuesto a adaptar su forma de ensayar a ese contexto? Eso sería (hasta cierto punto) como que un filósofo sin modificar su forma de expresión (adaptada a círculos filosóficos), pretendiese ser periodista.

[18] El carácter rudimentario de estas formas es lo que generalmente se ha posibilitado.

Ahora bien, entre las formas en mención existen dos sumamente exitosas (se presenten de forma explícita o no)[19]: (1) en una se parte de una situación personal y, (2) en otra se exige como eje central una tesis. Las próximas páginas consistirán en desarrollar cada una con sus respectivos ejemplos. La matización y conceptualización —al menos en la mayoría de casos—, no está de más indicar, es un aporte personal.

Estructura de la Forma I

Título

Primer párrafo: Introducción
(Situación introductoria)

Siguientes párrafos: Cuerpo del ensayo
(Preguntas con sus respectivas respuestas o solo respuestas)

Último o penúltimo párrafo: Conclusión

Estructura de la Forma II

Título

Primer párrafo: Introducción + tesis

Siguiente(s) párrafo(s): 1era. razón + ejemplo 1

Siguiente(s) párrafo(s): 2da. razón + ejemplo 2

Último o penúltimo párrafo: Conclusión

---

[19] Esta clasificación (Forma I y II) es arbitraria. Lo que aquí se identifica como «Forma I»: es el modo que está generalmente «implícito» de manera más o menos imperfecta en muchos ensayos. Por otro lado, lo que aquí se distingue como «Forma II», es el modo predominante en el ambiente anglosajón para elaborar ensayos.

Forma I:
Ensayos que tienen por objeto dar respuesta a inquietudes personales

En torno a las inquietudes

Es propio de los seres humanos que sus situaciones personales les posibiliten o generen «inquietudes», de acuerdo a todo aquello que les despierte o mantenga un interés. Uno de los casos emblemáticos que lo confirma es el de los niños que recién han aprendido a comunicarse por medio del habla. ¿Acaso sus inquietudes no parecen inagotables? ¿Acaso sus incesantes preguntas no lo constatan?[20]

Lo que no es propio de los humanos, sin embargo, es su permanencia en el estado del caso anterior; es decir, conforme se deja de ser niño, es notorio cómo las inquietudes personales merman o desaparecen respecto a situaciones que ya no provocan el mismo interés o, sencillamente, respecto a las que no provocan interés alguno. Puesto que, a medida que los seres humanos avanzan en años, ¿acaso no se adhieren a convicciones, no adoptan patrones culturales, no se apropian de cánones morales y no configuran sus visiones personales de vida? O, dicho en otros términos, ¿acaso no se apoderan de respuestas para sus inquietudes más diversas?

Y si, por lo demás, se consideran de igual forma los cuestionamientos que les producen pena[21], los que no les satisfacen una necesidad y los que sencillamente no les son de ninguna utilidad, ¿para qué, entonces, hacerse preguntas?, ¿para qué pensar?, ¿para qué enredarse con penas?[22]

---

[20] Entre las preguntas preferidas de los niños están: ¿Qué es esto? ¿Qué es aquello? ¿Por qué esto o por qué aquello? ¿Para qué esto o para qué aquello? Por otra parte, no está de más indicar que *las preguntas o cuestionamientos no son más que la expresión interrogativa de las inquietudes*.

[21] Como los que se pueden posibilitar en las personas que han perdido, por medio de un secuestro, a un ser querido. Puesto que, a menos que sea para obtener justicia o para sanar una herida, ¿para qué pensar en la forma en que fue asesinada la persona querida en esa circunstancia? ¿Para qué?

[22] Así es, pues, la forma en que ciertas inquietudes merman o desaparecen en las personas; es decir, conforme no sea grato o de interés el cuestionarse sobre un asunto, tema o situación. Pues ¿qué sentido tiene para un adulto en alguna de esas circunstancias, el cuestionarse como lo hizo en sus primeros años de infancia?

Por otra parte, uno de los aspectos más importantes sobre las inquietudes es que éstas no únicamente merman o desaparecen, sino que además cambian, de conformidad con los intereses de las personas. Dichos cambios o nuevos cuestionamientos, no obstante, están limitados a los «temas o situaciones presentes de interés» y, a «lo aceptado como respuesta». Pues ¿qué sentido tiene para «muchos» el cuestionarse sobre situaciones o problemas para los cuales ya se tienen respuestas?, y/o ¿qué sentido tiene para «todos» el cuestionarse más allá de todo aquello aceptado como respuesta?

Las inquietudes personales, por tanto, no permanecen estáticas e incólumes en los seres humanos; ya que éstas merman, desaparecen o cambian, según lo que les despierte o mantenga un interés, desde sus primeros años de infancia.

El punto de partida: una situación en particular[23]
Ahora bien, pese a las vicisitudes anteriormente expuestas, existe la posibilidad para cada estudiante de encontrar algún punto, asunto o tema de interés, a partir del efecto en su persona —placentero o insatisfactorio— de alguna situación en particular. *En otras palabras, a partir de una situación es factible que un estudiante se interese por elaborar un ensayo.*

Puesto que, ¿tendría sentido, acaso, elaborar ensayos sobre puntos, asuntos o temas que no provocan, que no estimulan o definitivamente no interesan? ¿Se podrían esperar, en consecuencia, ensayos que valgan la pena en alguna de esas circunstancias? La excelencia es tan limitada y difícil de conseguir, que obstaculizarla así no solo sería un desacierto grave, sino sobretodo una pena.

---

[23] A este punto de partida Karl Popper le llama: situación problemática. Es decir, a partir de una situación y problematización, considera Popper, se ha posibilitado el conocimiento científico a lo largo de la historia. En esta forma, ahora bien, el énfasis lo he subrayado en una situación, por lo importante que es para cualquier estudiante encontrar alguna que le despierte o genere interés. La problematización puede hacerla luego. Al respecto consulte Karl Popper, *El mito del marco común. En defensa de la ciencia y la racionalidad*, Barcelona: Paidós Ibérica, 1997, capítulo VIII.

Esta es la razón por la cual resulta tan conveniente aprovechar los motivos —detonantes o alicientes— implícitos en una situación, es decir, aquellos lo suficientemente importantes como para despertar el interés de un estudiante. En algunos casos, a dichos motivos se les conocerá como pasiones o emociones, y en otros, como insatisfacciones. Pero más allá de cómo se les conozca o lo que representen, *el desafío bajo esta forma, en todos los casos, es que cada estudiante consiga que «una situación le genere interés»*.

Por otra parte, «pretender» que una situación esté exenta DE prejuicios, DE resentimientos o DE predisposiciones de algún tipo, sería iluso. Como también sería iluso pretender que una situación debe representar todo aquello implícito en una conclusión (dentro del contexto de un ensayo). O, dicho en otros términos, un punto de partida (situación) de ninguna manera representa a uno de llegada (conclusión), sin un examen previo (ensayo).

La «pretensión correcta» con respecto a una situación (bajo los términos de esta forma), por lo tanto, es impulsar a un estudiante a cuestionarse, a superarse, a clarificar sus pensamientos, no a adaptarlos a lo que ya piensa o a lo que hasta entonces haya aceptado como respuesta. No sin antes examinarlos, detenidamente, en un ensayo.

Dos pasos principales para elaborar ensayos bajo esta forma

Ahora bien, dadas las consideraciones anteriormente expuestas, ¿cómo elaborar un ensayo? ¿Cómo identificar una situación? ¿Por dónde empezar? El primer paso, como ya quedó expuesto, es identificar una situación que sí interese, que posibilite inquietudes, es decir, que tenga sentido y/o utilidad para un estudiante. En dicho caso, la situación en mención podría ser alguno de los siguientes fenómenos: corrupción, pobreza, inseguridad, injusticia, impunidad, desempleo[24].

---

[24] Ya en este punto, podría no estar claro lo que es una situación, es decir, su definición; pieza clave, evidentemente, para identificarla. Una situación es un conjunto de circunstancias, vivencias o factores, conectados entre sí, que afectan de alguna forma a una o a varias personas.

No obstante, ¿a cuántos estudiantes les interesa estudiar cualesquiera de estos fenómenos por sí mismos? O dicho en otros términos, ¿cuántos estudiantes estarían interesados en estudiar un fenómeno sin conexión a un caso en particular? Probablemente muy pocos. La mayoría tiende a interesarse por alguna situación específica. Por ejemplo, la relativa a la corrupción en Brasil, Venezuela, Guatemala, México, justo como se esquematizará a continuación:

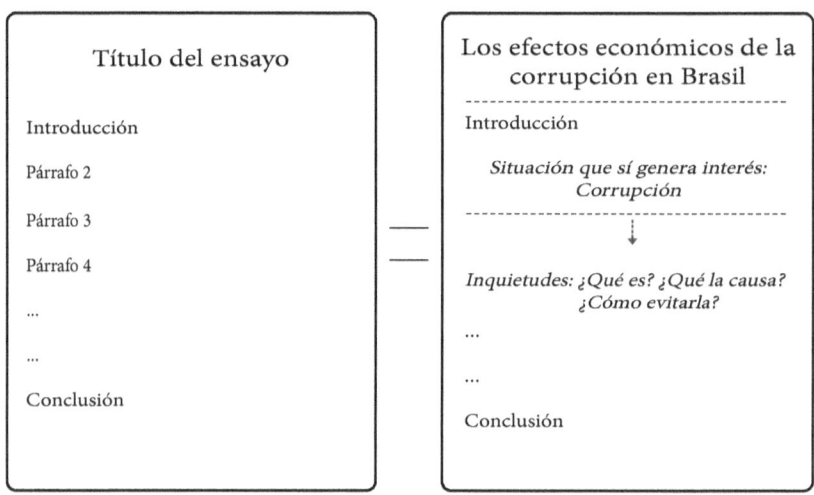

Por consiguiente, una situación que despierte o mantenga el interés de un estudiante, generará o posibilitará inquietudes en su persona. A dichas inquietudes, en este caso, se las conocerá (o serán expresadas) como preguntas o cuestionamientos. La respuesta a dichos cuestionamientos de una forma ordenada, fundamentada o lógica, es prácticamente un ensayo.

Por otra parte, el segundo paso consiste en seleccionar la pregunta o las preguntas que mejor se adecúan al objeto de un ensayo —asunto delimitado en particular a tratar—. O, dicho en otros términos: lo relevante en este paso no es el número de preguntas que conforman un ensayo, ni siquiera el momento en el que se las reelabora, sino su relación entre sí y su adecuación al objeto en cuestión.

De manera que, en lo relativo al objeto de un ensayo, deben seleccionarse únicamente aquellas preguntas que tienen relación entre sí y, se adecúan de mejor forma a un asunto delimitado en particular a tratar (a un objeto)[25]. De lo contrario, no será factible incorporar un listado de preguntas a los parámetros del párrafo anterior, sino que —del proceso de selección— necesariamente se obtendrán «varios objetos o asuntos desconexos entre sí», apropiados para más de un ensayo, con diferente título, pero ¡de ninguna manera para uno solo![26]

Así pues, si un estudiante pretende elaborar un ensayo a partir de las siguientes interrogantes: ¿Qué es la corrupción? ¿Qué es la gravedad? ¿Qué relación tiene la corrupción con la moral?[27], debería de seleccionar únicamente las que tienen relación entre sí. En caso contrario, su ensayo estaría constituido (lo cual es un error) por al menos dos objetos o asuntos sin conexión entre sí: uno sobre qué es la corrupción y cómo se relaciona con la moral, y otro sobre qué es la gravedad.

Ahora bien, con respecto al proceso de selección de preguntas, ¿cómo determinar cuáles son pertinentes dado que algunas pertenecen a subtemas del mismo tema? En respuesta, no habrá más que tener presente, indistintamente del caso, lo siguiente: siempre que sea factible relacionar preguntas de acuerdo a un objeto, asunto o idea principal, no interesa si pertenecen a temas y/o subtemas de distinta clase. Por lo que si un estudiante se encuentra ante la dificultad de seleccionar las preguntas que mejor se adecúan al objeto de su ensayo, o a lo que proyecta del mismo, ¡no tendrá más que elegir las que pueda relacionar entre sí!

Piénsese, por ejemplo, en el siguiente caso: Un estudiante de Brasil se prepara para elaborar un ensayo a partir de una situación de su interés: le

---

[25] Si a este punto se objeta: el objeto de un ensayo ya implica una «delimitación» desde el momento mismo que se prefieren o escogen preguntas (en otras palabras, cualquier selección de preguntas implica una delimitación u objeto), en respuesta se puede afirmar que cualquier selección de preguntas no implica su relación entre sí.
[26] ¿Qué sentido tiene elaborar un ensayo con títulos desconexos? ¿Acaso distintos títulos no implican diferentes ensayos?
[27] La desconexión entre las preguntas es así de exagerada, dado el propósito de aclarar el punto.

interesa la corrupción en su país. El resultado (o listado) de la diversidad de sus inquietudes, son las siguientes interrogantes: (1) ¿Qué es la corrupción? (2) ¿Por qué ha sido moralmente aceptada? (3) ¿Cuáles son sus efectos económicos? (4) ¿Se da (ocurre) en todos los países? (5) ¿Por qué se la considera un antivalor?

En base a lo anterior identifica que sus preguntas tienen un tipo de conexión: TODAS tienen como común denominador el tema de la corrupción. Sin embargo, NO TODAS pertenecen al mismo subtema. Dado que, mientras la segunda y quinta pregunta pertenecen al subtema moral (la moral en la corrupción), la tercera pertenece al económico (efectos económicos de la corrupción), y la cuarta pertenece al de los aconteceres del mundo (países donde acontece la corrupción).

Ahora bien, si el estudiante apunta a un objeto en particular: «Qué es la corrupción y cuáles son sus efectos económicos en Brasil» (o «Los efectos económicos de la corrupción en Brasil»)[28], ¿por qué habría de serle relevante responder a la segunda pregunta, al menos de forma directa? ¿Y qué decir de las últimas dos? Lo que sí le resultará relevante, por consiguiente: será responder a la primera y tercera, en relación al caso específico de su país y en función del objeto seleccionado[29].

Ya por último, de este paso solo queda agregar: conforme se profundice en un punto, un ensayo podría estar planteado a partir de una pregunta básica, si esta denota lo requerido en un objeto. Piénsese, por ejemplo, en las implicaciones relativas al siguiente cuestionamiento: «¿Qué es la democracia?». ¿Acaso su respuesta no requiere de un estudio meticuloso dadas las posiciones antagónicas hasta ahora existentes? En otras palabras, ¿por qué para unos es un ideal político (tradición francesa), para otros únicamente

---

[28] La pregunta «¿qué es?» se utiliza para explorar, explicar o delimitar el fenómeno de interés. En el objeto «Los efectos económicos de la corrupción en Brasil» ya está implícita.

[29] Si en este punto todavía quedan dudas, nótese que es factible relacionar la segunda y quinta pregunta (pertenecientes al subtema moral) con la situación de interés (en este caso corrupción), pero no con el objeto en cuestión. Dado este criterio, queda a discreción del estudiante incorporar la cuarta pregunta como «un antecedente», o de alguna otra forma, pero de ninguna manera le sería obligatorio incorporarla en concordancia con el objeto seleccionado.

un medio (tradición británica), y para otros un gran peligro (Platón/Aristóteles/*Founding Fathers*)? He aquí, pues, un posible gran ensayo, planteado a partir de una pregunta básica.

¡A ensayar!…
Finalmente, no queda más que tomar impulso, sacar ventaja o exprimir al máximo lo descrito con anterioridad. En otras palabras, ¿por qué no aprovechar una situación personal lo suficientemente importarte como para despertar el interés de un estudiante, aun cuando una situación de ese tipo únicamente le signifique un recuerdo vago de infancia?

Las próximas páginas constituyen un ejemplo de la Forma I.

Más allá de una lucha:
el reto anticorrupción que sí vale la pena

Si fuese posible nombrar el año 2015 en honor a lo ocurrido a nivel político en varios países de Latinoamérica, como Honduras y principalmente Guatemala, bien se le podría llamar el año de las sorpresas, ilusiones y esperanzas. Fue precisamente en ese año, como quizá en ningún otro, que en dichos países se hizo manifiesto el bien llamado «concordia». Es decir, ante un mal en común, un mar de indignación se apoderó de ciudadanos que se unieron para protestar junto a sus «enemigos de siempre» (¿qué sustenta que lo son?), en estrecho vínculo con algunos de sus familiares y amigos; e insólitamente, por encima de sus conflictos, odios y resentimientos.

Hoy, por otra parte, se vive un clima distinto: más apático, menos esperanzador, es decir, de ferviente polarización, lejano a aquella lucha en común que inició a partir de una breve pero muy cargada expresión: ¡No más corrupción!

Ahora bien, ¿a qué se refieren con el fenómeno en cuestión (corrupción)? ¿Es acaso un robo? ¿Por qué es tan importante o de poca prioridad, en un momento determinado, para gran parte de una población inmersa en un gobierno corrupto? ¿Se lograría «evitar la corrupción» o «beneficiar a toda una población» si fuese posible enjuiciar o encarcelar a todo corrupto?

De acuerdo con Transparency International, la corrupción es *the abuse of entrusted power for private gain*[1]. Ello quiere decir, según esta definición,

---

[1] Se puede traducir así: «el abuso del poder público para beneficio personal». Pues «*entrusted power*» aun cuando literalmente significa «poder confiado», en este contexto se refiere al «poder público o estatal». Asimismo, «*private gain*» aun cuando literalmente significa «ganancia privada» o «beneficio privado», en este contexto se refiere al «beneficio personal» que obtiene una persona, trabaje o no para el Estado. Ahora bien, ambas traducciones se pueden inferir a partir de los siguientes párrafos: «*Generally speaking* [se define a la corrupción] as "*the abuse of entrusted power for private gain*". *Corruption can be classified as grand, petty and political, depending on the amounts of money lost and the sector where it occurs.*
Grand corruption consists of acts committed at a high level of government that distort policies or the central functioning of the state, enabling leaders to benefit at the expense of the public good. Petty corruption refers to everyday abuse of entrusted power by low- and mid-level public officials in their interactions with ordinary citizens, who often are trying to access basic goods or services in places like hospitals, schools, police departments and other agencies.
Political corruption is a manipulation of policies, institutions and rules of procedure in the allocation of resources and financing by political decision makers, who abuse their position to sustain their power, status and wealth».
Fuente: http://www.transparency.org/what-is-corruption/#define, consultada el 15 de mayo de 2017.

que la corrupción no se reduce a un robo o no implica uno necesariamente, sino que (en cuanto a su género), se refiere a una forma de abuso específica, es decir, «al abuso del poder público en beneficio personal»[2]. Para constatar lo anterior, basta con apelar a los antecedentes de las diferentes manifestaciones anticorrupción que se han llevado a cabo en el mundo. ¿Acaso la sonrisa burlesca de algunos burócratas que han pagado fianzas millonarias como si se tratasen de simples trámites, ante alguna acusación de corrupción, no provoca indignación? ¿Acaso los numerosos casos de nepotismo, en los cuales se han contratado a personas incapaces para un cargo remuneradas con sueldos onerosos (abuso-estado-beneficio personal), no ofende a cualquiera? ¿Y qué decir de tanto personaje que se hace millonario de un día para otro, no como resultado de una gran visión, de arraigadas convicciones, de una férrea voluntad, menos de grandiosas virtudes, sino porque ha aprendido a «transar con miembros del gobierno» (abuso-estado-beneficio personal)? Es claro ahora que la corrupción no es únicamente un robo, sino que puede darse como algún tipo de nepotismo, como algún tipo de componenda o como algún tipo de forma estatal que implique un abuso del poder público en beneficio personal.

Ahora bien, respecto a por qué se vuelve tan importante la corrupción en un momento determinado para parte de una población, justo como fue observado en los gritos y pancartas de muchos manifestantes de Guatemala en 2015, se podría responder, sin reparar exhaustivamente en el asusto: por demanda de justicia. Pues a la disposición de dar a cada quien lo que le corresponde se le llama justicia[3], y si gran parte de una población demanda que a los corruptos se les imponga la pena que les corresponde, por tanto, gran parte de una población demanda justicia para los corruptos.

Hasta aquí este apartado parece evidente; es decir, se hace importante la corrupción para gran parte de una población en cuanto esta demanda jus-

---

[2] A esta definición no le encuentro objeción a como la he traducido. Pero considero que debería de ser más precisa en inglés (por parte de Transparency International), pues depende demasiado de su contexto.
[3] Sobre la definición de justicia del jurista romano Ulpiano (Domitius Annius Ulpianus), véase: «Dig. 1.1.10pr. *De iustitia et iure.*», en la página web: http://www.thelatinlibrary.com/justinian/digest1.shtml, consultada el 12 de junio de 2017. Sobre la posición de Aristóteles respecto a la justicia, ver Aristóteles, *Ética nicomaquea*, Buenos Aires: Losada, 2007, pp. 163 a 202.

ticia. Pero, ¿por qué no siempre se ha considerado de prioridad nacional este tema? ¿Por qué incluso se ha «convivido» con gobiernos corruptos por décadas?[4] ¿Será que no siempre se demanda justicia?

Para responder a las anteriores interrogantes es de vital importancia anotar que la corrupción no siempre ha estado ligada a una demanda de justicia, es decir, reducida a un motivo. Por el contrario, ha estado ligada a varios y de distinta índole. Ello se evidencia por ejemplo cuando se solapan actos corruptos en función de otros motivos. En otras palabras, si alguien afirma: «Este gobierno robó, pero poco», «Robó pero hizo algo», «Robó mucho, pero hizo mucho», «Robó pero hizo obra social» (*roubou mas faz obra social* en portugués) o algo similar, solapa actos corruptos *en función de algún motivo ajeno a cualquier demanda de justicia*.

Por lo que, indistintamente de qué motivos inciten a solapar la corrupción (beneficio personal de la corrupción, seguridad económica, estabilidad social, miedo a que se establezca un gobierno comunista, socialista, militar conservador —según el país o el momento histórico—, etcétera), cuando gran parte de una población valora más cualquiera de esos motivos, se entiende por qué no siempre se ha demandado justicia, ni se ha considerado el combate a la corrupción una prioridad nacional, aun cuando se ha convivido con ella por décadas.

Por otro lado, ante el caso hipotético de que fuese posible enjuiciar o encarcelar a todo corrupto, ¿se lograría evitar la corrupción o beneficiar a toda una población, a fin de distinguir si existe corrupción incrustada en el Estado que no depende del acto exclusivo de un funcionario corrupto? En otras palabras, *¿será que existe corrupción en el tipo de gobierno, leyes o en cualquier ámbito más allá de lo que legítimamente compete al Estado?*[5]

En dicho caso, en primer lugar habría que tener claro, por lo menos: (1) qué es un tipo de gobierno, (2) cuál es su relación con la legislación (leyes), y

---

[4] Evidencia de este punto (aun cuando resulte evidente para muchos ciudadanos) quedó expuesta en: Carlos Sabino, *Guatemala, la historia que vivimos 1985-2015*, Guatemala: Grafíaetc, especialmente capítulos 3 y 5.
[5] Lo legítimo, al menos, es la ausencia del abuso del poder público.

(3) si alguno denota, por sí mismo, un abuso del poder público en beneficio personal (corrupción).

En lo relativo al primer punto, se puede inferir del pensamiento de Aristóteles que un tipo de gobierno es «una clasificación», es decir, la clasificación de quiénes tienen el poder público o estatal. Cuando una mayoría de personas pobres (o una minoría en nombre de esa mayoría) toma el poder, se vive en una «democracia»[6]; conforme unos pocos ricos no virtuosos toman el poder, se vive en una «oligarquía»[7]. De igual forma —por clasificación—, conforme personas con características comunes toman el poder (y se disciernan las miras de su gobierno), se vive bajo un específico tipo de gobierno. De ahí que al gobierno de los mejores —o virtuosos, generalmente ricos— se le llame «aristocracia», como al de los ladrones «cleptocracia».

Ahora bien, dentro de cada «clasificación» (tipo de gobierno), existen clasificaciones más precisas, sean perceptibles o no. Muestra de ello es el hecho de que «el gobierno de la mayoría» no es el mismo en todas partes del mundo. En algunos países, por ejemplo, conforme toma el poder una mayoría de personas pobres se vive bajo una democracia específica. Así es que si esa mayoría está conformada por campesinos pobres, realmente se vive bajo el gobierno de una chorikocracia (*chorikós* = campesino o aldeano)[8], aun

---

[6] Si a dicha clasificación se objeta: «La democracia es, más bien, de acuerdo a sus orígenes etimológicos: El gobierno (*krátos*) del pueblo (*démos*)», sería pertinente señalar que el vocablo griego «*démos*» no significa, en este contexto: «todos los ciudadanos». De hecho, ese vocablo tiene varias acepciones; entre ellas: «pueblo», «gente» y «multitud». Si aún así se cree, que con ese vocablo, se hacía alusión en la Antigua Grecia a «todos los ciudadanos», nótese el siguiente extracto de la *Política* de Aristóteles: «…en las democracias soberano es el pueblo [*démos*], y en las oligarquías, por el contrario, lo es la minoría». Ver Aristóteles, *Política*, Buenos Aires: Losada, 2007, p. 182. Por otro lado, también se podría objetar: «La democracia es un concepto cuya definición ha evolucionado; pues, en la contemporaneidad ya no es considerada una forma desviada de gobierno, sino una forma de elección, método o mecanismo para tomar decisiones colectivas». En ese caso, se ha cometido un error, pues cualquier «método para decidir de forma colectiva» es únicamente un «medio», «vehículo de influencia» o «instrumento» de la democracia, no la democracia en sí. Pues, más allá de la palabra «democracia», existe una mayoría de personas pobres, que aunque no siempre «influencien» como mayoría en las urnas, bien que encuentran el «medio» de su poder en las leyes, incluso de forma directa.

[7] El hecho de que, por lo general, los acaudalados sean pocos y los pobres muchos, es una cuestión accidental (en el sentido que tiene dicha clasificación dentro de una definición). Lo que define una democracia o una oligarquía, a final de cuentas, depende de quiénes ostentan el poder. Así pues, si existiese un país donde la mayoría fuesen ricos no virtuosos con poder (aun cuando solo una minoría de esa mayoría ostentara el poder directamente), se viviría en una oligarquía.

[8] Esta clasificación no es muy extendida.

cuando solo se perciba una democracia a secas. De igual forma, «el gobierno de los pocos» no es el mismo en todas partes del mundo; de hecho, según quiénes tomen el poder o cómo influencien en él, ni siquiera es el mismo en un determinado país, se perciba o no. De ahí, pues, el por qué se confunde, injustamente y torpemente entre un gobierno de ricos no virtuosos y hasta mezquinos (oligarquía), y uno de ricos virtuosos o mejores (aristocracia).

Ahora bien, *el principal problema con los tipos de gobierno específicos (los que representan a algunos ciudadanos: pueblo o minorías), no está en quiénes toman el poder, sino en el hecho de si velan o no por sus beneficios o intereses*. Esto último lo describió Aristóteles en el siguiente extracto: «Son desviaciones de los regímenes políticos [o tipos de gobierno en este caso] la tiranía del reinado, la oligarquía de la aristocracia, y la democracia de la república. La tiranía, en efecto, es el gobierno de uno solo que tiene en vista el interés del gobernante, la oligarquía, el que mira al interés de los ricos, y la democracia, el que mira al interés de los pobres…»[9]. ¿No está claro, acaso, que ninguno de esos gobiernos (o desviaciones) miran al interés de todos? Puesto que cuando un gobernante declara: ¡Este es el gobierno de los pobres![10], lo que realmente manifiesta, aun cuando fuese carismático, noble, bien intencionado, sincero y extraordinariamente capaz, es que su gobierno solo es uno más de los que no velan por el interés de todos[11].

No obstante, dichas miras hacia intereses particulares no serían un problema, si no fuese porque *afectan a unos mientras favorecen a otros*. En otras palabras, bajo un tipo de gobierno específico (o más ampliamente bajo todo el régimen estatal), todos los ciudadanos «involuntariamente deben velar» por el interés de quienes (pobres, ricos no virtuosos, ladrones, campesinos, grupos organizados, tiranos) logren tomar el poder y establecer leyes a su favor. Del resto de la población, por consiguiente, sería ingenuo no espe-

---

[9] Ver Aristóteles, *Ética nicomaquea, op. cit.*, p. 186.
[10] ¿Sería políticamente incorrecto que un gobernante declarara: ¡Este es el gobierno de los ricos!, en un país de población mayoritariamente acaudalada?
[11] Si consideramos que el *interés común particular* de dos o más socios puede cambiar al punto de romper todo nexo de acuerdo, ¿cómo determinar atemporal y universalmente lo que es de *interés común de todos (o interés general)*? O dicho en otros términos, ¿cómo identificar lo que es de interés común de todos sin caer en una mera suposición, en el interés común particular de algunos, o en establecer en nombre de todos lo que solo es de interés de algunos, constituyan o no una mayoría? *Al respecto nótese que el interés común de todos en sociedad es un acuerdo si y solo si en él todos concuerdan todo el tiempo. Puesto que una sociedad, en la que todos deben ser socios, solo tiene validez si cada uno desde su aprobación, desde su Derecho, acepta los acuerdos en los que se funda esa sociedad.*

rar perjuicio en su contra[12]. Aristóteles lo explicó así: «En efecto, de modo similar a los regímenes políticos, también las leyes son por necesidad malas o buenas y justas o injustas; salvo que hay algo evidente: que las leyes deben estar establecidas de acuerdo con el régimen político. Ahora bien, si esto es así, resulta evidente que las que corresponden a los regímenes políticos rectos serán forzosamente justas y las que corresponden a los regímenes desviados, injustas»[13].

En efecto, si el tipo de gobierno establecido (o régimen estatal) es una oligarquía, este favorecerá a algunos ciudadanos acaudalados; si el tipo de gobierno establecido (o régimen estatal) es una democracia, este favorecerá a algunos (o muchos) ciudadanos pobres. Pues los «privilegios legales» que obtienen algunos ricos no virtuosos sí perjudican al resto de la población, al imposibilitar, entre otros, que todos puedan competir en un nicho de mercado, como puede notarse en una oligarquía. De análoga manera, los «privilegios legales» que obtienen muchos o algunos pobres, también perjudican al resto de la población, pues obligan a todos a partir de «impuestos» al pago de la satisfacción de sus anhelos, deseos o necesidades, como puede notarse en una democracia[14]. *Las leyes producto de los gobiernos específicos (o regímenes estatales correspondientes), por lo tanto, no son menos que la expresión de injusticias, aun cuando fuesen el producto de la mejor o más noble intención.*

---

[12] Este punto es fácil de discernir cuando un grupo de gobernantes-ladrones (cleptocracia) no ven sino por sí mismos, es decir, roban para beneficiarse. ¿Perjudican a alguien? ¡Desde luego que sí!, pues hurtan dinero de aquellos que pagan su tributo o impuesto. Por otra parte, este punto ya no es tan fácil de distinguir cuando un grupo, piénsese en ricos no virtuosos (oligarcas) toman el poder y establecen leyes a su favor. ¿Perjudican a alguien? ¡Desde luego que sí! Un caso recurrente es el perjuicio que sufren aquellos que quieren iniciar o mantener un negocio, pero se ven impedidos de competir en un nicho de mercado. Ello, generalmente, se lleva a cabo a partir de leyes que no prohiben la competencia directamente (¡demasiado evidente!), sino por medio de leyes que la imposibilitan de forma indirecta (la existencia o el alto precio de los aranceles es un ejemplo) para que no sea rentable importar bienes o producir algo. Ahora bien, este punto parece ser aún más difícil de discernir cuando el gobierno en cuestión (o régimen estatal) apunta a beneficiar a la mayoría de una población o a los más pobres (democracia). ¿Perjudican a alguien? ¡Desde luego que sí! Puesto que para beneficiar a esa mayoría (¡no a todos!, recalco), se perjudica a todos aquellos que de ninguna manera beneficiarían a los más pobres; ya sea porque no creen que lo merecen (al menos no todos), ya sea porque comúnmente no les muestran simpatía, ya sea porque va en contra de sus principios, o, sencillamente, porque por la fuerza o por impuestos, de ninguna manera aceptarían beneficiarlos.
[13] Ver Aristóteles, *Ética nicomaquea, op. cit.*, p. 200.
[14] Respecto a cómo una forma de gobierno perjudica, véase la cita 12.

¿Cómo no esperar abusos por parte del poder público, por ende, si conforme se instaura una oligarquía, la presión o coacción para establecer la legislación proviene de pocos acaudalados con vista en sus intereses particulares? O, ¿cómo no esperar abusos por parte del poder público, por consiguiente, si conforme se instaura una democracia, la presión o coacción para establecer la legislación proviene de muchos (o de pocos en nombre de esos muchos) con vista en sus intereses particulares? Si la corrupción es el «abuso del poder público en beneficio personal», por tanto, la corrupción en esos tipos de gobierno (o regímenes estatales) no depende únicamente de los actos de un funcionario corrupto, sino que, como suelen decir algunos analistas políticos: ¡ya es parte del sistema!

En efecto, si realmente se pretende «contrarrestar la corrupción», no será suficiente o relevante esfuerzo el enjuiciar a todo corrupto, ¡el abuso de un abuso! ¿Por qué habría de ser relevante el robo o abuso de lo otorgado «como privilegio» a ricos, pobres, campesinos…? Fundamentalmente, será necesario «contrarrestar» cualquier tipo de gobierno específico (o régimen estatal correspondiente), desviado o corrupto, a saber: democracia, oligarquía, cleptocracia, chorikocracia, o cualquier otro específico, así como las leyes que por esos poderes hayan sido establecidas.

Finalmente, si dicho abuso se quedara ahí, es decir, en beneficios o «privilegios legales», quizá no fuese tan grave un gobierno de ese tipo (o régimen estatal correspondiente). Pero la realidad es que esos tipos de gobierno, aun cuando algunos puedan resultar menos dañinos que otros conforme les sea factible (que no existan contrapesos, Estado de Derecho, o líderes opositores al menos), impondrán sus ideales, valores o visión de vida a todos los demás en detrimento de la libertad personal[15]. Se impondrá lo que se debe aceptar como bueno.

---

[15] Este último punto lo ha demostrado la experiencia hasta la saciedad. En regímenes totalitarios como el nazismo es más perceptible, es decir, se controla casi la totalidad de la vida de una persona (hasta con quién podían casarse los alemanes se llegó a determinar por medio de las Leyes de Núremberg: solo entre arios). En regímenes menos extremos, como en los autoritarismos, son menos perceptibles las imposiciones en la vida de las personas, pues se es más o menos libre, en la medida en que no se critique o atente contra el régimen. Aún así, en estos regímenes, es común que los medios de comunicación, los procesos de producción, entre muchos otros, estén bajo la dirección de sus dirigentes, es decir, como una imposición de ideales, valores o visión de vida.

En otras palabras, ante una ciudadanía indiferente, solo queda esperar un gobierno específico, es decir, el gobierno del líder, grupo organizado o multitud que logre tomar el poder. Si un gobierno de ese tipo, téngase por caso, estuviese compuesto por campesinos, no debería parecer extraño ver a sus miembros imponiendo sus ideales, valores o visión de vida a todos los demás, a medida que no encuentren obstáculos o puedan deshacerse de ellos. A fin de cuentas, el principal problema con esos tipos de gobierno no está en cómo quieren vivir sus miembros (sin tradiciones, sin religión o con alguna determinada, sin bebidas alcohólicas, entre muchas otras posibilidades), sino en que terminarán imponiendo su visión de vida —de una forma u otra— a todos los demás.

En conclusión, decir no a la corrupción implica *la ausencia de abusos del poder público en beneficio personal*. Por otra parte, aun cuando la corrupción se hace importante para una parte de la población que demanda justicia, su «combate» no es relevante si se queda en la superficialidad; es decir, si únicamente se «contrarrestan» las acciones de funcionarios corruptos —el abuso de un abuso—, y no las leyes y el poder de un gobierno específico (todo lo que compete al Estado).

Si hemos de entregar el alma por mejores condiciones de vida en nuestro país, con ánimos como los reflejados en las manifestaciones multitudinarias anticorrupción de la Guatemala de 2015, optimicemos nuestros esfuerzos. Apuntemos a establecer un tipo de gobierno y un régimen estatal que no favorezca solo a algunos (pobres, ricos, mujeres, campesinos, multitudes, grupos organizados, etcétera), fuente segura de conflictos, enemistades y discordias. Asumamos el reto que trasciende la lucha violenta, por ejemplo, el sentido gradual del cambio social; la consecución de un tipo de gobierno y un régimen estatal de *interés común de todos*. Este refleja el acuerdo de todos todo el tiempo, desde su aprobación, desde su Derecho. La República de Aristóteles es un excelente ejemplo de lo que podríamos aceptar. O dicho en otros términos, ¿por qué desperdiciar el tiempo en luchas vanas? ¿Por qué *sacrificar a los otros en nombre de ideales propios*? ¿Por qué favorecer siempre a algunos, minorías o mayorías? ¡¿Acaso no viven TODOS en un país?!

Forma II:
Ensayos que tienen por objeto justificar una tesis

Esta forma, aun cuando comparta elementos con la anterior (puesto que de igual manera admite un sin fin de recursos, y requiere de fundamentos racionales en las conclusiones de los ensayos posibilitados por la misma), la distingue un requerimiento específico, es decir, la justificación de una tesis[30]. Una tesis es, por ende, el objetivo principal implícito bajo esta forma.

Ahora bien, los caminos para cumplir con dicho objetivo son tan diversos, que no es conveniente proceder de manera análoga a la forma anterior (a partir de pasos principales). Lo que sí procede de comienzo es resolver la duda que salta a la mente de tanto estudiante cuando se enfrenta con esta forma de hacer ensayos. Es decir, conviene resolver la interrogante: ¿Qué es una tesis?

Hacia la definición: ¿Qué es una tesis?
Cuando se habla de una tesis en un ambiente académico, suele existir una serie de confusiones, motivadas no únicamente por el desconocimiento de lo que significa, sino además porque por «tesis» se suele entender el trabajo final de los grados de licenciatura, maestría y doctorado.

Ahora bien, *una tesis es el punto principal, el juicio o la serie de juicios acordes a una idea que deben ser sustentados a partir de razones*. En otras palabras, una tesis es la idea que alguien defiende. Así, por ejemplo, si fuese posible viajar en el tiempo a épocas cuyo punto de referencia era solo la tierra, estudiar cómo los antepasados podían explicar el universo a partir del paradigma científico de la época[31], y sin la tecnología de hoy, sería realmente comprensible el punto de quienes defendían la tesis: «La tierra es el

---

[30] En otras formas se puede asimismo justificar una o varias tesis. La diferencia versa en que en esta forma la tesis es la idea principal o conclusión central.
[31] Sobre este punto, ver Thomas S. Kuhn, *La tensión esencial. Estudios selectos sobre la tradición y el cambio en el ámbito de la ciencia*, Madrid: Fondo de Cultura Económica, 1993.

centro del universo y los astros giran alrededor de ella». En la defensa de esa tesis se pueden contar explicaciones diversas: desde una tan primitiva y mal fundamentada que únicamente establecía que la tierra permanece fija en relación con el sol («La tierra es demasiado pesada para elevarse sobre el sol y luego precipitarse de cabeza abajo de nuevo»)[32]; hasta las complejas y aún hoy poco comprendidas elaboraciones de Ptolomeo. Es patente ahora, por ende, por qué con un paradigma científico diferente y con un punto de referencia muchísimo más amplio, tan pocos se atreven a defender una tesis de este tipo en la actualidad.

Una tesis, no obstante, más allá de que se consolide como la idea dominante de una época o resulte difícil de justificar (por límites de comprensión, posibilidades de una época o por la utilización de múltiples juicios, entre otros)[33], *es un juicio o un conjunto de juicios relacionados entre sí, es decir, es la idea que alguien defiende*. Ello es distinguible, por ejemplo, en los siguientes casos: «El sol es el centro del universo»; «La democracia es una forma de gobierno»; «La vida humana es finita»; «El ser humano es moral o inmoral, pero no amoral»; «La esclavitud como institución social impide el progreso económico, político y civilizador de una sociedad». Lo relevante en estos cinco casos, por consiguiente, es que al final son «ideas que alguien defiende».

De ahí, pues bien, el por qué *una tesis no es una pregunta*. Dado que si alguien pretendiese establecer como tesis una interrogante, ¿cómo la defendería? ¿Cuál sería su punto? La categoría de juicio lógico o proposición, la implícita en toda tesis, simplemente no admite una pregunta como tesis, como tampoco admite una exclamación (¡qué bonita casa!), exhortación (¡sigue así!), orden (¡haz tu cama!), u otra *oración que no pueda ser sujeta de «verdad» o «falsedad». Para aplicar los términos anteriores debe «darse información» o «describirse» el mundo, con tal de razonar acerca de él*. Así, por ejemplo, la oración: ¡haz tu cama! no puede ser calificada en términos de «verdad» o «falsedad», sino en términos de «razonable» o «no razona-

---

[32] Ver Paul Feyerabend, *Tratado contra el método*, Madrid: Tecnos, 2000, p. 71.
[33] Cuando se utilizan múltiples juicios en una tesis, tiende a ser más difícil su justificación puesto que hay que fundamentar cada juicio.

ble»; de igual forma, una pregunta no puede ser calificada en términos de «verdad» o «falsedad», sino en términos de «contestable» o «no contestable». Estas tienen sentido para otros contextos (o ámbitos de los seres humanos), ¡pero no para este!

Ya para finalizar, nótese que *en todos los casos una tesis es en sí misma una conclusión incluida en la introducción de un ensayo*. En otros términos, una tesis no es más que una premisa, inferida a partir de una o varias premisas, también llamadas razones.

El papel de las razones: la defensa de una tesis

Por otra parte, si ya es manifiesto que una tesis es el objetivo principal en esta forma, y que es la idea que alguien defiende, ¿cómo debe defenderse o sustentarse? He aquí, pues, el papel de las razones.

Dicho papel, ahora bien, consiste en al menos dos tareas principales, tan estrechamente vinculadas entre sí, que hasta se podrían visualizar o efectuar como una sola. En las próximas líneas, a fin de dilucidarlas, se presentarán por separado.

La primera tarea consiste en *sustentar* adecuadamente cada razón, para posteriormente *sustentar* una tesis. En ese caso, debe considerarse: *¿qué razón es posible sustentar a partir de un argumento, hecho o teoría?, ¿qué teoría debe aceptarse ante la existencia de teorías divergentes?* Con respecto a la primera interrogante, piénsese por ejemplo en las siguientes conclusiones de argumentos: una forma de gobierno es una clasificación de quienes se apropian del poder público (conclusión #1); en la democracia el poder estatal lo posee el pueblo (conclusión #2). A partir de ahí se puede sustentar la razón: «la democracia es una forma de gobierno». No obstante, si la pretendida razón fuese: «la democracia es el máximo ideal político», ¿cómo se podría sustentar a partir de las conclusiones antes mencionadas? Por otro lado, con respecto a la segunda pregunta, se podría tomar de ejemplo el referido líneas arriba entre teorías divergentes, es decir, entre el contraste de la teoría geocéntrica y la heliocéntrica. En ese caso, conviene partir de preguntas tales como: ¿Qué teoría debe aceptarse y por qué razones?

¿Qué teoría explica de mejor forma un fenómeno? ¿Qué razones se podrían sustentar a partir de la teoría aceptada? Lo mismo puede aplicarse a teorías económicas (teoría objetiva del valor versus teoría subjetiva del valor, por ejemplo), políticas (democracia versus república), éticas (felicidad como referente moral versus cualquier norma como referente moral), entre muchas otras.

Por otra parte, la segunda tarea consiste en *servir de base de inferencia* (es decir, como una premisa o juicio del cual se deduce una conclusión). En esta tarea cada razón suministra los elementos de los cuales se puede «extraer» o «determinar» una tesis. No sería válido defender una tesis a partir de aquello que no puede inferirse de las razones. Así, por ejemplo, no se puede inferir la tesis: «El sol es el centro del universo y los planetas giran alrededor de él», a partir de la siguiente razón: *El sol es una estrella, pues emite luz*. Del hecho que el sol sea una estrella, sencillamente, no se puede inferir su relación con respecto a los demás planetas ni con respecto al universo. Es cierto que con respecto a las inferencias existe una variedad de reglas de gran utilidad, tanto en los métodos de inducción (inferencia probable, etcétera) como en los de deducción (inferencias inmediatas, formas básicas de inferencia -Simp, Conj, Add, DS, HS, MP, MT, CD, DD, etcétera), pero al final lo importante es que el ensayista siempre tenga presente: *¿Qué puedo inferir a partir de esta teoría con tal de determinar una razón? ¿Qué puedo inferir a partir de estas razones con tal de determinar una tesis? ¿Son suficientes estos elementos para determinar, en definitiva, todo aquello que defiendo?*

Ya que es evidente que las razones no pueden ser cualquier tipo de defensa, alguien que pretenda fundamentar su tesis con una justificación burda o arbitraria («porque así pienso que es», «porque así me lo imagino», «porque así me lo han contado», «porque sí», entre otros), no sustentaría de manera racional su defensa.

Las razones, por ende, no son el producto arbitrario de la imaginación de alguien, ni el deseo caprichoso de alguien más, sino el fundamento racional de una teoría que explica un fenómeno; como es constatable, téngase por caso, en diversas teorías científicas y filosóficas. Puesto que desde que alguien afirma: «*El copernicanismo y otros puntos de vista "irracionales" existen hoy en día* [tesis] *solo porque, a lo largo de su historia, la razón fue dejada de lado alguna vez* [argumento/razón]»[34]; o, *La vida humana es finita* [tesis] *porque no hay ser humano inmortal* [hecho/razón], defiende adecuadamente su tesis, es decir, utiliza razones para explicar fenómenos y para sustentar sus afirmaciones (razones/tesis). ¿Existe, acaso, arbitrariedad en la razones de los casos anteriores? Que distintas teorías nos puedan indicar explicaciones diferentes (geocentrismo versus heliocentrismo, por ejemplo), que nuestra comprensión del mundo dependa de un horizonte (Heidegger)[35], o que seamos seres humanos cargados de interpretaciones, *no significa que debamos desistir del desafío de explicarnos los fenómenos de la realidad (contraste con la realidad)*, aun cuando solo para nosotros, como humanos, a partir de principios comunes (como la relación de causa-efecto), tengan sentido de esta forma[36].

El desafío del ensayista versa, por lo tanto, en justificar adecuadamente su tesis, es decir, en cubrir todos los francos lo mejor posible, pues solo así adquirirá confianza e internalizará esquemas mentales con los que fácilmente objetará una idea que considere equivocada o mal argumentada. Si en algún momento se equivoca, ¡que se equivoque!, siempre y cuando tenga como propósito el ensayar en vistas de hacerlo cada vez mejor, ensayo tras ensayo.

---

[34] Ver Paul Feyerabend, *op. cit.*, p. 142.

[35] Para Heidegger el concepto de horizonte es *el sentido o la estructura formal* que hace comprensible, y consecuentemente interpretable, la realidad o los fenómenos de cualquier naturaleza. Ver Martin Heidegger, *El ser y el tiempo*, México: Fondo de Cultura Económica, 1951, pp. 26 a 96 y pp. 151 a 156.

[36] Si como seres humanos no identificásemos leyes, constantes o principios comunes, *algo que nos haga sentido en común*, no seríamos capaces de *comprender* o de *generar interpretaciones* de la misma forma respecto al mundo que nos rodea. En ese caso no habría más que aceptar la tesis según la cual existen tantos enfoques de la realidad como personas. Ahora bien, lo que no es discernible con facilidad es que el «carácter científico» o «verdadero» del conocimiento de la realidad, no depende de presunciones, como tampoco de rigurosidades o exactitudes por sí mismas (modelos, por ejemplo). Es decir, el fundamento de cualquier teoría, ciencia o conocimiento es ontológico: el ser en cuanto tal. De ahí que prime lo constitutivamente moral (el *êthos* griego, por ejemplo), sobre cualquier consideración moral; lo constitutivamente psicológico, sobre cualquier interpretación psicológica; lo constitutivamente biológico, sobre cualquier ciencia biológica. Al respecto Heidegger señala que la biología, entre otras ciencias, teorías o conocimientos, pasó por una crisis en sus fundamentos tras haber utilizado un método mecanicista, no adecuado para el ser o la *estructura* biológica de los organismos. Ver Martin Heidegger, *op. cit.*, p. 20.

Usos o propósitos de los ejemplos: ¿ilustración de las razones?

Finalmente, solo queda abordar un punto más bajo esta forma correspondiente a la ilustración, explicación, toma como modelo, comprobación y/o sustento de razones; es decir, el punto relativo a los usos o propósitos de los ejemplos.

Entre los usos o propósitos más comunes, ahora bien, están los de «ilustrar» y «explicar» razones; es decir, a partir de un ejemplo, generalmente, se pretende *dar a entender de forma clara y comprensible alguna razón*. Ello es distinguible, por ejemplo, en el siguiente caso: «…Los datos estadísticos fruto de estudios concernientes a fenómenos sociales, por lo que a partir de la estadística se puede determinar[37], no son más que las valoraciones, creencias, pensamientos, o visiones de vida de ciertas personas en un momento determinado (razón), es decir, no son más que la "fotografía de un momento" (ejemplificación a partir de una analogía, dado el propósito de hacer comprensible una razón)»[38].

Por otra parte, a medida que los propósitos referidos en el párrafo anterior no correspondan o no satisfagan los propósitos de algún ejemplo, por el motivo que fuere, se requerirán otros usos u otros propósitos para el ejemplo en cuestión. Entre los «otros propósitos» más comunes están los de «comprobar» y/o «sustentar» razones.

En dicho caso, si se espera que un ejemplo se utilice como un medio para «comprobar» o «sustentar» una razón, el propósito del ejemplo consistirá

---

[37] ¿Es factible racionalizar datos estadísticos fruto de estudios sobre fenómenos sociales? ¿Qué se podría determinar, y qué no, sobre dichos fenómenos? ¿Se podría, acaso, posibilitar conocimiento que permita comprender algún aspecto de dichos fenómenos si se carece de empatía? ¿Acaso, pues bien, las «explicaciones en principio» o «de principio» necesitan de estadística para estudiar fenómenos sociales a partir de «teorías»?

[38] No está de más considerar en cada caso: *¿Es adecuado este ejemplo para ilustrar esta razón? ¿Hasta dónde es aplicable una analogía?* Puesto que si la analogía arriba descrita fuese, por ejemplo, «el video de un momento», sería incorrecta, dado que no existen suficientes elementos para ilustrar las valoraciones de las personas de esa forma. Además, si se ejemplificara el ejemplo descrito líneas abajo (relativo a los propósitos de «comprobar» o «sustentar» una razón) de la siguiente manera: «…como se ha logrado observar en las niñas ferales (ejemplo)», sería igualmente un error, pues las niñas ferales no desarrollaron su estructura moral. No aplican esas analogías, sencillamente.

en suministrar evidencia o soporte (hechos, sucesos, fenómenos, por ejemplo) a la razón y, consecuentemente, a la tesis. Ello puede identificarse en el siguiente caso: «Un ser humano es moral o inmoral, pero no amoral (tesis), puesto que su estructura es debitoria, es decir, se le pueden prescribir deberes, a diferencia de otros seres (razón), como se ha logrado observar en cada caso (ejemplo)». El uso o propósito de este ejemplo, por consiguiente, no se reduce a ilustrar la razón en mención, sino que, en primer término, le da sustento.

Por último, no queda más que señalar cómo tanto ensayista adquiere confianza al ejercitarse mentalmente bajo esta forma, puesto que fortalece sus argumentos, les da sustento, consecuencia de la tarea de no dejar cabos sueltos. La pregunta inicial «¿qué es una tesis?», ya ha quedado resuelta.

Las próximas páginas constituyen un ejemplo de la Forma II.

La moral: un arma de doble filo

Normalmente se configura la moral a partir de lo comúnmente aceptado en una sociedad, es decir, a menudo cada individuo juzga lo que considera bueno o malo de acuerdo a las normas imperantes del contexto social en el que está inmerso. Ahora bien, la moral no tiene por qué reducirse al cúmulo de normas imperantes de una sociedad específica o a cualquier convencionalismo social; puesto que, entre sus posibilidades, puede constituirse por normas, hábitos o principios relativos a referentes morales de distinta índole (a saber: sociedad/tradición, religión, naturaleza humana/felicidad, entre otros). Las posibilidades de la moral son increíblemente diversas, desde aceptar la religión dominante, el pensamiento político implícito en el régimen establecido, la legislación vigente, en fin, hasta aceptar por otro lado, cualquier religión o ninguna, un pensamiento político diferente al del régimen, o determinar que la legislación vigente no es más que un producto perjudicial. La posibilidades de la moral, por ende, están directamente determinadas por todo aquello aceptable como norma, hábito, principio o referente.

Ahora bien, dentro de todo lo que un humano puede aceptar como moral, existen dos casos de suma importancia (principalmente para quien ha aceptado o pretende aceptar la felicidad como referente moral): en uno el papel de la moral es fundamental para que una persona viva infeliz, y en el otro, su papel es lo contrario. De aquí se desprende, pues, la tesis del presente ensayo: la moral es fundamental para una vida infeliz o su contrario.

Previo a sustentar esta tesis, puede utilizarse la distinción —y enorme aporte— que hicieron dos integrantes de la Escuela de Madrid[1], es decir, puede comprenderse la moral en dos sentidos: moral como estructura y moral como contenido. De acuerdo a la primera distinción, los seres humanos somos constitutivamente morales, es decir, estamos dados para la moral. Los contenidos morales, por otro lado, son las normas, hábitos, principios o referentes que cada persona hace parte de su estructura. Con tal de ilustrar este punto, piénsese en que la «estructura moral» es un recipiente en el que

---
[1] Xavier Zubiri y José Luis López Aranguren. Ver José Luis L. Aranguren, *Ética*, Barcelona: Altaya, 1998, especialmente el capítulo 7 de la primera y segunda parte.

es factible verter los más diversos «contenidos»: desde agua o nutrientes por un lado, hasta veneno o productos tóxicos por el otro.

La autodestrucción

Si la moral, ahora bien, es un recipiente natural —moral como estructura— intrínseco en cada persona, en el cual se deposita, por así decirlo, diversos contenidos morales (normas, principios, hábitos o referentes), ¿por qué habría de ser fundamental para que alguien viva infeliz o feliz? Con respecto al primer juicio, es decir, la moral es fundamental para que una persona viva infeliz, se puede sostener que: *la moral, dado que contiene normas, principios, hábitos o referentes, estos pueden ser sumamente perjudiciales para la vida y la felicidad personal, pues si dictan que alguien debe prescindir de sus valores, que no debe deleitarse o que no debe ser digno de nada, es decir, si anulan su naturaleza, no solo le anulan la posibilidad de conservar su vida, sino definitivamente le anulan la posibilidad de conseguir una vida feliz*[2]. Así, por ejemplo, en el caso extremo de que alguien aceptase la norma moral: ¡No debo alimentarme más!, ¿cuánto viviría?, ¿no sería, acaso, esta norma sumamente perjudicial para su vida? ¿Y para qué hacer mención de su posible felicidad?

Lo que generalmente ocurre con este tipo de moral, sin embargo, es que una norma (principio, hábito o referente) perjudica de manera *paulatina*, como cuando anula a una persona con respecto a sus valores, deseos, o realización. Así es que si alguien anula consciente o inconscientemente sus valores a partir de una norma de este tipo, es decir, si nunca enfrenta sus miedos en función de lo que lo realiza (amor, trabajo, sueños, etcétera), si no encuentra nada en su persona digno de ser querido (amor a sí mismo), y si considera que sus deseos son intrínsecamente malos y que no debe deleitarse en esta vida (posición ascética), no tendrá más que un camino, justo como lo indica Hazlitt: «[Ello] solo puede resultar en suicidio o en una muerte voluntaria»[3].

---

[2] Este razonamiento es propio. Todo lo que engloba la naturaleza humana es más amplio, como se distingue a lo largo de la *Ética* de Aristóteles. Con respecto a la importancia de reconocer algo digno en sí mismo, ver «El amigo de sí mismo y el amigo de los demás. Retrato del hombre bueno y del malo», en el libro de Aristóteles, *Ética nicomaquea*, Buenos Aires: Losada, 2007, pp. 338 a 340.

[3] Ver Henry Hazlitt, *Los fundamentos de la moral*, Guatemala: Universidad Francisco Marroquín, 2012, pp. 199 a 212. Hazlitt justifica esta consecuencia a partir, exclusivamente, de que se acepte la posición ascética. Los demás agregados son míos.

Ahora bien, aun cuando ese alguien no llegue a tales extremos, ¿cómo podría vivir feliz en esas circunstancias, es decir, sin amor o sin realizarse en lo que tanto quiere, sueña o desea? En definitiva: ¿Cómo podría vivir feliz si anula sus valores, deseos, toda posibilidad de deleite o su propia naturaleza? Se tenga conciencia de ello o no, se tome en cantidades grandes o a cuentagotas, con ese tipo de moral, igual se ingiere veneno.

El autoperfeccionamiento
Por otro lado, si ya se es consciente de lo anterior y se pretende desintoxicar el organismo, un conjunto de normas morales distintas (así como de principios, hábitos o referentes), sí contribuyen a la vida de una persona y, según el caso, a su felicidad.

En ese sentido, en primer lugar deben dejarse atrás normas (principios…) que indiquen, expresen o ratifiquen máximas tales como: ¡Únicamente importa lo inmaterial! ¡No es bueno alimentarse![4] Puesto que, ¿cómo sobrevivir si se actúa en contra de la necesidad vital del alimento, de refugio o de medios afines?[5] En segundo lugar, por consiguiente, *son necesarias normas morales (principios…) que contribuyan o dependan de la felicidad personal*. En otras palabras, si una persona acepta como referente moral máximo su felicidad, deberá aceptar únicamente el tipo de normas (…) que no contraríen a esta última. En caso contrario, podría aceptar normas que le perjudiquen, como las que le exigen permanecer en una situación de maltrato (por ejemplo), por encima de su satisfacción, su realización y, desde luego, su felicidad.

Ahora bien, ya establecida la relación que conviene para la felicidad personal (entre las normas… y su referente moral), ¿será, pues, que lo que resta es decidir ser feliz? En otras palabras, ¿para conseguir una vida feliz basta afirmar: ¡he decidido ser feliz!?

---

[4] La cantidad correcta o el tipo de alimento adecuado dependerá de la necesidad de una persona. Sería erróneo alimentar a una persona enferma, a una que practica fisicoculturismo y a una que tiene tres años, con la misma porción.
[5] Parto de este caso extremo, a fin de de clarificar el argumento.

Para responder a las anteriores interrogantes, se puede proceder a partir de lo que implica cualquier decisión, es decir, a partir de una deliberación o de una evaluación de pros y contras. Ahora bien, por muy buena que sea una decisión o por mucha fuerza de voluntad que conlleve, solo será catalogada de exitosa ¡por sus resultados! Así, por ejemplo, la decisión de aprender un idioma únicamente será de utilidad hasta que genere resultados, es decir, hasta que se encuentren los medios adecuados para comunicarse en el idioma deseado. De manera análoga, la decisión de una vida feliz, por sí sola, por lo que implica cualquier decisión, no será de utilidad hasta que se encuentren los medios adecuados para vivir felizmente. *Por ende, una vida feliz implica trabajo y resultados; pues, de ninguna manera se da por añadidura a la decisión, sino por añadidura a los resultados exitosos de tal decisión.*

Ya planteada la relación entre las normas (...), el referente, y la decisión que conlleva una vida feliz, ¿cuáles son los medios morales adecuados para conseguirla? He aquí, pues, el papel correcto de las disposiciones morales —la forma de reaccionar ante un acto, pasión o emoción—, es decir, el papel de los hábitos llamados virtudes. Piénsese así: si una persona *ha decidido* eliminar de sí misma el tipo de normas que le son perjudiciales y *ha decidido* por referente moral máximo de su vida a su felicidad, ¿qué le hará falta? Pues ¡cambiar sus hábitos!, es decir, *su forma de reaccionar* ante las tareas que pretende emprender, ante sus pasiones, emociones y ante las acciones de los demás. Así, por ejemplo, si esa persona tiene claridad con respecto a las tareas que contribuyen a su realización, las que le son gratas, y aún así huye de ellas dado que está acostumbrada a ceder ante sus miedos, bien se le puede catalogar de cobarde; es decir, se ha forjado el hábito de la cobardía. Para que se forje el hábito de la valentía, no obstante, debería enfrentar sus miedos, en función de realizarse en tareas placenteras y gratificantes; en otras palabras, en función de su felicidad.

Ahora bien, con respecto a las formas correctas de reaccionar —virtudes— tanto ante las pasiones o emociones propias como ante las acciones de los demás, hay mucho que decir, pues habría que estudiar hábito por hábito, a fin de que cada persona se autoperfeccione o que contribuya a su felicidad. El propósito de este ensayo no llega a tanto. Sin embargo, no está de más estudiar otro caso: el de cómo reaccionar ante la ira, dada la pretensión de contribuir a la armonía interna de una persona y, claro está, a su felicidad. Respecto a este punto, considérese que hay dos formas viciosas de reaccionar ante la ira. Por un lado, están las personas acostumbradas a reprimir su ira (¿no se harán más daño así?), y por el otro, están las que la liberan sin el menor cuidado (¿cómo lograr una buena convivencia ante arrebatos constantes de este tipo?). La forma correcta de reaccionar ante ella, sin embargo, es aquella donde se libera sin dañar a los demás o a sí mismo, a menos que sea para proteger a un ser querido o a sí mismo[6].

Hábitos análogos a este último contribuyen a la armonía de una persona y, consecuentemente, a su felicidad. Ahora bien, no faltará quien objete que, aunque esa armonía se logre por medio de las virtudes, ello a lo más que contribuye en la vida de una persona es a que viva en paz, pero, ¿cómo fundamentar que un tipo de moral específico, a fin de cuentas, contribuye a su felicidad? En respuesta se puede afirmar: las virtudes, en su papel de medios, no solo contribuyen a la armonía interna de una persona, como en el caso de la ira, sino que también contribuyen a las tareas propias de la realización personal, *puesto que forjan el carácter necesario para desempeñarse en esas tareas.*

Los hábitos, por otro lado, son fundamentales para que una persona se ame a sí misma, dado que si no tiene nada de lo cual enorgullecerse (si no lo logra por medio de los hábitos buenos), o si no encuentra nada digno en sí misma, justo como señala Aristóteles[7], sencillamente no existe la posibilidad de que se ame a sí misma; esta es, pues, una condición natural. ¿Por qué no desechar aquellos libros en los que no se ha conseguido acertar?[8]

---

[6] El concepto «proteger» no se reduce a situaciones límite o de mucho peligro; es mucho más amplio. Incluye el respeto que se debe mantener hacia los seres queridos y hacia uno mismo.
[7] Ver «El amigo de sí mismo y el amigo de los demás. Retrato del hombre bueno y del malo», en *Ética nicomaquea*, op.cit., pp. 338 a 340.
[8] Es curioso cómo tantas personas se repiten a sí mismas que son valiosas, sin tener éxito (generalmente como parte de su motivación personal). Es decir, no logran más que una pequeña alegría o no consiguen amarse.

En conclusión: la moral es fundamental para una vida infeliz, pues posibilita la aceptación de alguna norma (principio, hábito o referente) directamente perjudicial para la vida humana, como cuando la norma cumple el papel de referente moral máximo. En otras palabras, cuando la norma (…) está por encima de la felicidad personal.

Por otro lado, la moral es fundamental para una vida feliz, pues posibilita el que se acepten normas (…) de conformidad con la felicidad, como cuando se establece la felicidad como referente moral máximo y se actúa de acuerdo a dicho referente, eso sí, en la búsqueda de resultados. Los hábitos, no está de más agregar, contribuyen a dicho propósito, pues posibilitan la armonía, la realización personal, el amor propio…, es decir, la felicidad.

Ojalá lo anteriormente presentado se entendiera más, y así no se ingiriera cualquier cosa como «lo bueno». Se liga tanto la moral con lo supuestamente bueno (lo perjudicial), que no se dilucida cómo, norma a norma, hábito a hábito, principio a principio, referente a referente, así como puede favorecer, también puede ser sumamente perjudicial.

La penúltima tarea. ¡Y la última!

Por otra parte, la penúltima tarea para cualquier ensayista consiste en redactar su introducción y conclusión, puesto que no hay mejor título que el que puede elaborarse cuando se ha completado un ensayo.

Ahora bien, una introducción no tiene por qué reducirse a una breve descripción relativa al contenido de un ensayo, al contexto del punto abordado, ni siquiera a una tesis (si aplica), sino que *puede* partir de una pregunta, una cita, una afirmación, una inquietud…; en fin, de algún punto que incite a un posible lector a interesarse por el ensayo.

Por otro lado, una conclusión no tiene por qué reducirse a un resumen relativo de las ideas principales de un ensayo, ni al listado de las razones fundamentales que sustentan una tesis, si no que *puede* (no debe, recalco) terminar con una propuesta, con una pregunta, o, ¿por qué no?, con algún punto de vista tal que deje perplejos a sus lectores ante un final estupendo, como el que consiguen algunos oradores ante su público.

Finalmente, la última tarea está reservada para la elaboración del título, puesto que no es posible representar en la mejor medida de lo posible las ideas principales de un ensayo, sino es hasta que se tiene claridad respecto a lo alcanzado en la penúltima parte del mismo.

Ahora bien, si con respecto a su título algún ensayista está dispuesto a ser sugestivo, podría rastrear dentro del mercadeo de ideas ejemplos excepcionales de cómo serlo. He aquí algunos que en su día enumeró mi mentor Giarcarlo Ibargüen: «Piensa en grande» (*Think Big*), «Más allá del éxito» (*Beyond Success*). De un título tal como «Elementos para prosperar» a «Piensa en grande», o de un título como «Valores fundamentales» a «Más allá del éxito», existe una enorme diferencia.

Palabras finales: mi propósito

Si ya no hay duda sobre las enormes potencialidades de un ensayo, si ya no hay duda de los cambios que provoca, ¿por qué no entonces incorporarlo a la tarea de estudiar? ¿Por qué no desafiarse y aprender en función de un interés? ¿Por qué no pensar con sello propio?

Cada párrafo, cada forma, cada ejemplo de este libro tienen por mira influir en función de los cambios fundamentales que en realidad me interesan: cambio de actitud y de visión intelectual. Puesto que son esos cambios los que posibilitan que una persona dispuesta aprenda, piense, y se supere una y otra y otra vez, aun ante el desconcierto personal y ante la incomprensión ajena.

Impulsado por mi interés logré el ejemplo de la «Forma I», e impulsado por mi pasión logré el ejemplo de la «Forma II», tras muchas equivocaciones y múltiples intentos de buscar a los mejores en dichas áreas. De algunos integrantes de la Escuela de Madrid aprendí sobre el rigor ensayístico, principalmente del premio nacional de ensayo de España, el filósofo-pensador José Luis López Aranguren, aun cuando disienta con algunos de sus postulados. De algunos integrantes de la Escuela Austriaca aprendí a enfocarme en el referente llamado Naturaleza Humana, aun cuando no todos los partícipes de esta Escuela lo compartan. Y del filósofo cúspide de la época de oro griega aprendí que sí es posible ser feliz y vivir en concordia, me refiero al tipazo llamado Aristóteles. A todos ellos: ¡muchas gracias!

Terminaré haciendo alusión a uno de mis autores favoritos, George Orwell. Este enemigo del totalitarismo empezó su tarea intelectual elaborando ensayos. *Así se abrió paso*. En uno de ellos —En defensa de la novela—, curiosamente, ya había visualizado la importancia de escribir novelas como «una forma artística popular», es decir, como un medio de comunicación para quien «tenga algo que decir». Tras esa publicación, trece años más tarde llegó a ser mundialmente famoso por su novela *1984*. Yo no sé si terminaré escribiendo alguna novela como la de Orwell, pero sí sé que ya encontré una forma para comunicarme, pues «tengo algo que decir». De hecho, ¡ya lo hice!, en estos ensayos.

Apéndice

Cómo aplicar la «Forma I» en un curso

Aun cuando la aplicación ideal de esta forma ya ha sido descrita, los profesores requieren diferentes ensayos, según las especificidades de cada curso. De ahí que si un estudiante necesita elaborar un ensayo sobre el capítulo (o la sección) de un libro, video o película, por ejemplo, ¿cómo podría aplicar esta forma?

En primer lugar, cuando un profesor requiere que sus estudiantes elaboren un ensayo sobre el capítulo (o sección) de un libro, generalmente les solicita que elijan una idea del capítulo en cuestión, y a partir de esa idea elaboren un ensayo. En ese caso, se puede aplicar casi a la perfección la forma I, por lo que no queda más que agregar.

Por otra parte, si a los estudiantes les es requerido un ensayo sobre una película, podrían proceder (1) a elegir «cualquier situación» dentro de la película que les interese, o a (2) relacionar alguna escena, idea o situación con el curso. Así, por ejemplo para ambos casos, si un profesor les solicita un ensayo sobre la película *V for Vendetta*, (1) les es factible elegir cualquier situación dentro de la misma y relacionarla con el tema que más les interese, (2) o relacionarla con temas del curso: dictaduras, chivos expiatorios, totalitarismos, temores de los pobladores, etcétera.

Finalmente, si algún profesor requiere ensayos elaborados en un corto tiempo y/o a partir de una pregunta, *tómese en cuenta que en esos casos difícilmente podrá aplicarse esta forma*. La decisión, por consiguiente, queda a discreción de los estudiantes. Véase en el siguiente apéndice el apartado: «Otras aplicaciones».

Cómo aplicar la «Forma II» en un curso

De igual manera que en el caso anterior, aun cuando la aplicación ideal de esta forma ya ha sido descrita, los profesores requieren diferentes ensayos, según las especificidades de cada curso. De ahí que si un estudiante necesita elaborar un ensayo sobre el capítulo (o la sección) de un libro, video o película, por ejemplo, ¿cómo podría aplicar esta forma?

En primer lugar, cuando un profesor requiere que sus estudiantes elaboren un ensayo sobre el capítulo (o sección) de un libro, generalmente les solicita que elijan una idea del capítulo en cuestión, y a partir de esa idea elaboren un ensayo. En ese caso, se puede aplicar casi a la perfección la forma II, por lo que no queda más que agregar.

Por otra parte, si a los estudiantes les es requerido un ensayo sobre una película, podrían proceder (1) a elegir «cualquier idea» dentro de la película que les interese, o a (2) relacionar alguna escena, idea o situación con el curso. Así, por ejemplo para ambos casos, si un profesor les solicita un ensayo sobre la película *V for Vendetta*, (1) les es factible elegir «cualquier idea» dentro de la misma y relacionarla con el tema que más les interese, (2) o relacionarla con temas del curso: dictaduras, chivos expiatorios, totalitarismos, temores de los pobladores, etcétera. Ahora bien, dada esta forma en particular, la idea en mención tiene que ser una tesis o tiene que posibilitar una. Un ejemplo idóneo extraído de la película antes mencionada, es la tesis: «Las ideas son a prueba de balas».

Otras aplicaciones

Ahora bien, si algún profesor requiere ensayos elaborados en un corto tiempo y/o a partir de una pregunta, *tómese en cuenta que en ese caso es factible aplicar la «Forma II» siempre y cuando se discierna una tesis*. Así, por ejemplo, si un profesor requiere elaborar una pregunta análoga a la siguiente: «¿Usted está de acuerdo con la opinión del economista William Baumol respecto a los oligopolios? Explique por qué». En ese caso, los estudiantes deben discernir una tesis; si eligen «sí», la tesis sería: La idea de William Baumol respecto a los oligopolios es correcta. Si eligen «no», evidentemente, la tesis sería: La idea de William Baumol respecto a los oligopolios es incorrecta. Nótese, además, que la tesis puede estar implícita en otros tipos de respuestas. Por ejemplo, si un estudiante responde: «Sí estoy de acuerdo, porque...».

Ejemplo de rúbrica: nivel principiante e intermedio

RÚBRICA PRIMER ENSAYO
PENSAMIENTO POLÍTICO II
PRIMER SEMESTRE 2034

- Elabore un ensayo en base a alguno o algunos de los siguientes temas:
  Ética y política.
  Formas o tipos de gobierno.
  Tradición francesa, tradición británica.
  Propósitos de la política.
  Estado de Derecho.

  Si le interesa elaborar su ensayo con base en otro tema, puede hacerlo siempre y cuando lo relacione con algún tema o subtema del curso, en algún punto.

- En cuanto a la extensión de su trabajo: lo que considere necesario.
- En cuanto al formato: letra tamaño 11 e interlineado 1.5.
- Fecha y hora de entrega: viernes 14 de abril a la hora de clase. Entregue su ensayo impreso.

	Excelente (100 puntos)	Bueno (80 puntos o más)	Aceptable (60 puntos o más)	Deficiente (50 puntos o menos)	Inaceptable (0 puntos)	
Comprensión del tema o punto abordado	El ensayo denota que el estudiante ha comprendido el tema o punto abordado y sus pormenores.	El ensayo denota que el estudiante ha comprendido el tema o punto abordado, aunque no algunos de sus pormenores.	El ensayo denota que el estudiante ha comprendido el tema o punto abordado, aunque no la mayoría de sus pormenores.	El ensayo denota que el estudiante tiene una idea vaga del tema o punto abordado, aunque sí comprendió algunos de sus pormenores.	El ensayo denota que el estudiante no ha comprendido el tema o punto abordado.	35 puntos
Línea argumentativa	El uso lógico de los recursos intelectuales empleados es correcto.	El uso lógico de los recursos intelectuales empleados es correcto en casi todos los casos.	El uso lógico de los recursos intelectuales empleados es correcto en la mayoría de casos.	El uso lógico de los recursos intelectuales empleados es correcto en algunos casos.	El empleo de la lógica es generalmente incorrecto.	35 puntos
Narrativa del ensayo (indistintamente del estilo)	La narrativa es comprensible para la mayoría de adultos hispanohablantes: el ensayo está impecablemente escrito.	La narrativa es comprensible para la mayoría de estudiantes universitarios: el ensayo está bien escrito.	La narrativa es comprensible para algunos adultos hispanohablantes: es necesario incorporar correcciones en el ensayo.	La narrativa es poco comprensible (resulta muy difícil de seguir): es necesario rehacer prácticamente todo el ensayo.	La narrativa es ininteligible: es necesario empezar de nuevo el ensayo.	15 puntos

	Excelente (100 puntos)	Bueno (80 puntos o más)	Aceptable (60 puntos o más)	Deficiente (50 puntos o menos)	Inaceptable (0 puntos)	
Solidez del contenido	Está documentado con alusiones a los textos del autor (citas en los extractos literales) y bibliografía en el caso de que no incluya ninguna cita. Además incluye referencias a textos o ideas pertinentes que no son del autor.	Está documentado con alusiones a los textos del autor (citas en los extractos literales) y bibliografía en el caso de que no incluya ninguna cita. Además incluye referencias a textos o ideas de otros autores, pero no todas son pertinentes.	Está documentado con alusiones a los textos del autor (citas en los extractos literales) y bibliografía en el caso de que no incluya ninguna cita.	Está documentado con alusiones vagas (o mal citadas) de los textos del autor.	No está documentado con alusiones a textos del autor, citas, o bibliografía de ninguna clase.	15 puntos

Criterios para rúbrica: nivel avanzado y experto

En este caso se puede aplicar el criterio dos y tres de la rúbrica anterior (Línea argumentativa y Narrativa del ensayo). La utilización del primer criterio es prescindible y el cuarto queda a discreción del ensayista o estudiante, *puesto que en este nivel se tiende a tratar directamente con fenómenos sociales o naturales (véase el caso de José Ortega y Gasset o el de George Orwell).*

Análisis práctico del ejemplo de la Forma I

Más allá de una lucha:
el reto anticorrupción que sí vale la pena

Si fuese posible nombrar el año 2015 en honor a lo ocurrido a nivel político en varios países de Latinoamérica, como Honduras y principalmente Guatemala, bien se le podría llamar el año de las sorpresas, ilusiones y esperanzas. Fue precisamente en ese año, como quizá en ningún otro, que en dichos países se hizo manifiesto el bien llamado «concordia». Es decir, ante un mal en común, un mar de indignación se apoderó de ciudadanos que se unieron para protestar junto a sus «enemigos de siempre» (¿qué sustenta que lo son?), en estrecho vínculo con algunos de sus familiares y amigos; e insólitamente, por encima de sus conflictos, odios y resentimientos.

Hoy, por otra parte, se vive un clima distinto: más apático, menos esperanzador, es decir, de ferviente polarización, lejano a aquella lucha en común que inició a partir de una breve pero muy cargada expresión: ¡No más corrupción!

SITUACIÓN DE INTERÉS

Ahora bien, ¿a qué se refieren con el fenómeno en cuestión (corrupción)? ¿Es acaso un robo? ¿Por qué es tan importante o de poca prioridad, en un momento determinado, para gran parte de una población inmersa en un gobierno corrupto? ¿Se lograría «evitar la corrupción» o «beneficiar a toda una población» si fuese posible enjuiciar o encarcelar a todo corrupto?

INQUIETUDES

De acuerdo con Transparency International, la corrupción es *the abuse of entrusted power for private gain*[1]. Ello quiere decir, según esta definición,

---

[1] Se puede traducir así: «el abuso del poder público para beneficio personal». Pues «*entrusted power*» aun cuando literalmente significa «poder confiado», en este contexto se refiere al «poder público o estatal». Asimismo, «*private gain*» aun cuando literalmente significa «ganancia privada» o «beneficio privado», en este contexto se refiere al «beneficio personal» que obtiene una persona, trabaje o no para el Estado. Ahora bien, ambas traducciones se pueden inferir a partir de los siguientes párrafos: «*Generally speaking* [se define a la corrupción] as "*the abuse of entrusted power for private gain*". *Corruption can be classified as grand, petty and political, depending on the amounts of money lost and the sector where it occurs.*
Grand corruption consists of acts committed at a high level of government that distort policies or the central functioning of the state, enabling leaders to benefit at the expense of the public good. Petty corruption refers to everyday abuse of entrusted power by low- and mid-level public officials in their interactions with ordinary citizens, who often are trying to access basic goods or services in places like hospitals, schools, police departments and other agencies.
Political corruption is a manipulation of policies, institutions and rules of procedure in the allocation of resources and financing by political decision makers, who abuse their position to sustain their power, status and wealth».
Fuente: http://www.transparency.org/what-is-corruption/#define, consultada el 15 de mayo de 2017.

que la corrupción no se reduce a un robo o no implica uno necesariamente, sino que (en cuanto a su género), se refiere a una forma de abuso específica, es decir, «al abuso del poder público en beneficio personal»[2]. Para constatar lo anterior, basta con apelar a los antecedentes de las diferentes manifestaciones anticorrupción que se han llevado a cabo en el mundo. ¿Acaso la sonrisa burlesca de algunos burócratas que han pagado fianzas millonarias como si se tratasen de simples trámites, ante alguna acusación de corrupción, no provoca indignación? ¿Acaso los numerosos casos de nepotismo, en los cuales se han contratado a personas incapaces para un cargo remuneradas con sueldos onerosos (abuso-estado-beneficio personal), no ofende a cualquiera? ¿Y qué decir de tanto personaje que se hace millonario de un día para otro, no como resultado de una gran visión, de arraigadas convicciones, de una férrea voluntad, menos de grandiosas virtudes, sino porque ha aprendido a «transar con miembros del gobierno» (abuso-estado-beneficio personal)? Es claro ahora que la corrupción no es únicamente un robo, sino que puede darse como algún tipo de nepotismo, como algún tipo de componenda o como algún tipo de forma estatal que implique un abuso del poder público en beneficio personal.

Ahora bien, respecto a por qué se vuelve tan importante la corrupción en un momento determinado para parte de una población, justo como fue observado en los gritos y pancartas de muchos manifestantes de Guatemala en 2015, se podría responder, sin reparar exhaustivamente en el asusto: por demanda de justicia. Pues a la disposición de dar a cada quien lo que le corresponde se le llama justicia[3], y si gran parte de una población demanda que a los corruptos se les imponga la pena que les corresponde, por tanto, gran parte de una población demanda justicia para los corruptos.

Hasta aquí este apartado parece evidente; es decir, se hace importante la corrupción para gran parte de una población en cuanto esta demanda jus-

---

[2] A esta definición no le encuentro objeción a como la he traducido. Pero considero que debería de ser más precisa en inglés (por parte de Transparency International), pues depende demasiado de su contexto.
[3] Sobre la definición de justicia del jurista romano Ulpiano (Domitius Annius Ulpianus), véase: «Dig. 1.1.10pr. *De iustitia et iure*.», en la página web: http://www.thelatinlibrary.com/justinian/digest1.shtml, consultado el 12 de junio de 2017. Sobre la posición de Aristóteles respecto a la justicia, ver Aristóteles, *Ética nicomaquea*, Buenos Aires: Losada, 2007, pp. 163 a 202.

ticia. Pero, ¿por qué no siempre se ha considerado de prioridad nacional este tema? ¿Por qué incluso se ha «convivido» con gobiernos corruptos por décadas?[4] ¿Será que no siempre se demanda justicia?

Para responder a las anteriores interrogantes es de vital importancia anotar que la corrupción no siempre ha estado ligada a una demanda de justicia, es decir, reducida a un motivo. Por el contrario, ha estado ligada a varios y de distinta índole. Ello se evidencia por ejemplo cuando se solapan actos corruptos en función de otros motivos. En otras palabras, si alguien afirma: «Este gobierno robó, pero poco», «Robó pero hizo algo», «Robó mucho, pero hizo mucho», «Robó pero hizo obra social» (*roubou mas faz obra social* en portugués) o algo similar, solapa actos corruptos *en función de algún motivo ajeno a cualquier demanda de justicia*.

Por lo que, indistintamente de qué motivos inciten a solapar la corrupción (beneficio personal de la corrupción, seguridad económica, estabilidad social, miedo a que se establezca un gobierno comunista, socialista, militar conservador —según el país o el momento histórico—, etcétera), cuando gran parte de una población valora más cualquiera de esos motivos, se entiende por qué no siempre se ha demandado justicia, ni se ha considerado el combate a la corrupción una prioridad nacional, aun cuando se ha convivido con ella por décadas.

Por otro lado, ante el caso hipotético de que fuese posible enjuiciar o encarcelar a todo corrupto, ¿se lograría evitar la corrupción o beneficiar a toda una población, a fin de distinguir si existe corrupción incrustada en el Estado que no depende del acto exclusivo de un funcionario corrupto? En otras palabras, *¿será que existe corrupción en el tipo de gobierno, leyes o en cualquier ámbito más allá de lo que legítimamente compete al Estado?*[5]

En dicho caso, en primer lugar habría que tener claro, por lo menos: (1) qué es un tipo de gobierno, (2) cuál es su relación con la legislación (leyes), y

---

[4] Evidencia de este punto (aun cuando resulte evidente para muchos ciudadanos) quedó expuesta en: Carlos Sabino, *Guatemala, la historia que vivimos 1985-2015*, Guatemala: Grafíaetc, especialmente capítulos 3 y 5.
[5] Lo legítimo, al menos, es la ausencia del abuso del poder público.

(3) si alguno denota, por sí mismo, un abuso del poder público en beneficio personal (corrupción).

En lo relativo al primer punto, se puede inferir del pensamiento de Aristóteles que un tipo de gobierno es «una clasificación», es decir, la clasificación de quiénes tienen el poder público o estatal. Cuando una mayoría de personas pobres (o una minoría en nombre de esa mayoría) toma el poder, se vive en una «democracia»[6]; conforme unos pocos ricos no virtuosos toman el poder, se vive en una «oligarquía»[7]. De igual forma —por clasificación—, conforme personas con características comunes toman el poder (y se disciernan las miras de su gobierno), se vive bajo un específico tipo de gobierno. De ahí que al gobierno de los mejores —o virtuosos, generalmente ricos— se le llame «aristocracia», como al de los ladrones «cleptocracia».

Ahora bien, dentro de cada «clasificación» (tipo de gobierno), existen clasificaciones más precisas, sean perceptibles o no. Muestra de ello es el hecho de que «el gobierno de la mayoría» no es el mismo en todas partes del mundo. En algunos países, por ejemplo, conforme toma el poder una mayoría de personas pobres se vive bajo una democracia específica. Así es que si esa mayoría está conformada por campesinos pobres, realmente se vive bajo el gobierno de una chorikocracia (*chorikós* = campesino o aldeano)[8], aun

---

[6] Si a dicha clasificación se objeta: «La democracia es, más bien, de acuerdo a sus orígenes etimológicos: El gobierno (*krátos*) del pueblo (*démos*)», sería pertinente señalar que el vocablo griego «*démos*» no significa, en este contexto: «todos los ciudadanos». De hecho, ese vocablo tiene varias acepciones; entre ellas: «pueblo», «gente» y «multitud». Si aún así se cree, que con ese vocablo, se hacía alusión en la Antigua Grecia a «todos los ciudadanos», nótese el siguiente extracto de la *Política* de Aristóteles: «...en las democracias soberano es el pueblo [*démos*], y en las oligarquías, por el contrario, lo es la minoría». Ver Aristóteles, *Política*, Buenos Aires: Losada, 2007, p. 182. Por otro lado, también se podría objetar: «La democracia es un concepto cuya definición ha evolucionado; pues, en la contemporaneidad ya no es considerada una forma desviada de gobierno, sino una forma de elección, método o mecanismo para tomar decisiones colectivas». En ese caso, se ha cometido un error, pues cualquier «método para decidir de forma colectiva» es únicamente un «medio», «vehículo de influencia» o «instrumento» de la democracia, no la democracia en sí. Pues, más allá de la palabra «democracia», existe una mayoría de personas pobres, que aunque no siempre «influencien» como mayoría en las urnas, bien que encuentran el «medio» de su poder en las leyes, incluso de forma directa.

[7] El hecho de que, por lo general, los acaudalados sean pocos y los pobres muchos, es una cuestión accidental (en el sentido que tiene dicha clasificación dentro de una definición). Lo que define una democracia o una oligarquía, a final de cuentas, depende de quiénes ostentan el poder. Así pues, si existiese un país donde la mayoría fuesen ricos no virtuosos con poder (aun cuando solo una minoría de esa mayoría ostentara el poder directamente), se viviría en una oligarquía.

[8] Esta clasificación no es muy extendida.

cuando solo se perciba una democracia a secas. De igual forma, «el gobierno de los pocos» no es el mismo en todas partes del mundo; de hecho, según quiénes tomen el poder o cómo influencien en él, ni siquiera es el mismo en un determinado país, se perciba o no. De ahí, pues, el por qué se confunde, injustamente y torpemente entre un gobierno de ricos no virtuosos y hasta mezquinos (oligarquía), y uno de ricos virtuosos o mejores (aristocracia).

Ahora bien, *el principal problema con los tipos de gobierno específicos (los que representan a algunos ciudadanos: pueblo o minorías), no está en quiénes toman el poder, sino en el hecho de si velan o no por sus beneficios o intereses*. Esto último lo describió Aristóteles en el siguiente extracto: «Son desviaciones de los regímenes políticos [o tipos de gobierno en este caso] la tiranía del reinado, la oligarquía de la aristocracia, y la democracia de la república. La tiranía, en efecto, es el gobierno de uno solo que tiene en vista el interés del gobernante, la oligarquía, el que mira al interés de los ricos, y la democracia, el que mira al interés de los pobres...»[9]. ¿No está claro, acaso, que ninguno de esos gobiernos (o desviaciones) miran al interés de todos? Puesto que cuando un gobernante declara: ¡Este es el gobierno de los pobres![10], lo que realmente manifiesta, aun cuando fuese carismático, noble, bien intencionado, sincero y extraordinariamente capaz, es que su gobierno solo es uno más de los que no velan por el interés de todos[11].

No obstante, dichas miras hacia intereses particulares no serían un problema, si no fuese porque *afectan a unos mientras favorecen a otros*. En otras palabras, bajo un tipo de gobierno específico (o más ampliamente bajo todo el régimen estatal), todos los ciudadanos «involuntariamente deben velar» por el interés de quienes (pobres, ricos no virtuosos, ladrones, campesinos, grupos organizados, tiranos) logren tomar el poder y establecer leyes a su favor. Del resto de la población, por consiguiente, sería ingenuo no espe-

---
[9] Ver Aristóteles, *Ética nicomaquea, op. cit.*, p. 186.
[10] ¿Sería políticamente incorrecto que un gobernante declarara: ¡Este es el gobierno de los ricos!, en un país de población mayoritariamente acaudalada?
[11] Si consideramos que el *interés común particular* de dos o más socios puede cambiar al punto de romper todo nexo de acuerdo, ¿cómo determinar atemporal y universalmente lo que es de *interés común de todos (o interés general)*? O dicho en otros términos, ¿cómo identificar lo que es de interés común de todos sin caer en una mera suposición, en el interés común particular de algunos, o en establecer en nombre de todos lo que solo es de interés de algunos, constituyan o no una mayoría? *Al respecto nótese que el interés común de todos en sociedad es un acuerdo si y solo si el todos concuerdan todo el tiempo. Puesto que una sociedad, en la que todos deben ser socios, solo tiene validez si cada uno desde su aprobación, desde su Derecho, acepta los acuerdos en los que se funda esa sociedad.*

rar perjuicio en su contra[12]. Aristóteles lo explicó así: «En efecto, de modo similar a los regímenes políticos, también las leyes son por necesidad malas o buenas y justas o injustas; salvo que hay algo evidente: que las leyes deben estar establecidas de acuerdo con el régimen político. Ahora bien, si esto es así, resulta evidente que las que corresponden a los regímenes políticos rectos serán forzosamente justas y las que corresponden a los regímenes desviados, injustas»[13].

En efecto, si el tipo de gobierno establecido (o régimen estatal) es una oligarquía, este favorecerá a algunos ciudadanos acaudalados; si el tipo de gobierno establecido (o régimen estatal) es una democracia, este favorecerá a algunos (o muchos) ciudadanos pobres. Pues los «privilegios legales» que obtienen algunos ricos no virtuosos sí perjudican al resto de la población, al imposibilitar, entre otros, que todos puedan competir en un nicho de mercado, como puede notarse en una oligarquía. De análoga manera, los «privilegios legales» que obtienen muchos o algunos pobres, también perjudican al resto de la población, pues obligan a todos a partir de «impuestos» al pago de la satisfacción de sus anhelos, deseos o necesidades, como puede notarse en una democracia[14]. *Las leyes producto de los gobiernos específicos (o regímenes estatales correspondientes), por lo tanto, no son menos que la expresión de injusticias, aun cuando fuesen el producto de la mejor o más noble intención.*

---

[12] Este punto es fácil de discernir cuando un grupo de gobernantes-ladrones (cleptocracia) no ven sino por sí mismos, es decir, roban para beneficiarse. ¿Perjudican a alguien? ¡Desde luego que sí!, pues hurtan dinero de aquellos que pagan su tributo o impuesto. Por otra parte, este punto ya no es tan fácil de distinguir cuando un grupo, piénsese en ricos no virtuosos (oligarcas) toman el poder y establecen leyes a su favor. ¿Perjudican a alguien? ¡Desde luego que sí! Un caso recurrente es el perjuicio que sufren aquellos que quieren iniciar o mantener un negocio, pero se ven impedidos de competir en un nicho de mercado. Ello, generalmente, se lleva a cabo a partir de leyes que no prohíben la competencia directamente (¡demasiado evidente!), sino por medio de leyes que la imposibilitan de forma indirecta (la existencia o el alto precio de los aranceles es un ejemplo) para que no sea rentable importar bienes o producir algo. Ahora bien, este punto parece ser aún más difícil de discernir cuando el gobierno en cuestión (o régimen estatal) apunta a beneficiar a la mayoría de una población o a los más pobres (democracia). ¿Perjudican a alguien? ¡Desde luego que sí! Puesto que para beneficiar a esa mayoría (¡no a todos!, recalco), se perjudica a todos aquellos que de ninguna manera beneficiarían a los más pobres; ya sea porque no creen que lo merecen (al menos no todos), ya sea porque comúnmente no les muestran simpatía, ya sea porque va en contra de sus principios, o, sencillamente, porque por la fuerza o por impuestos, de ninguna manera aceptarían beneficiarlos.

[13] Ver Aristóteles, *Ética nicomaquea, op. cit.*, p. 200.

[14] Respecto a cómo una forma de gobierno perjudica, véase la cita 12.

¿Cómo no esperar abusos por parte del poder público, por ende, si conforme se instaura una oligarquía, la presión o coacción para establecer la legislación proviene de pocos acaudalados con vista en sus intereses particulares? O, ¿cómo no esperar abusos por parte del poder público, por consiguiente, si conforme se instaura una democracia, la presión o coacción para establecer la legislación proviene de muchos (o de pocos en nombre de esos muchos) con vista en sus intereses particulares? Si la corrupción es el «abuso del poder público en beneficio personal», por tanto, la corrupción en esos tipos de gobierno (o regímenes estatales) no depende únicamente de los actos de un funcionario corrupto, sino que, como suelen decir algunos analistas políticos: ¡ya es parte del sistema!

En efecto, si realmente se pretende «contrarrestar la corrupción», no será suficiente o relevante esfuerzo el enjuiciar a todo corrupto, ¡el abuso de un abuso! ¿Por qué habría de ser relevante el robo o abuso de lo otorgado «como privilegio» a ricos, pobres, campesinos…? Fundamentalmente, será necesario «contrarrestar» cualquier tipo de gobierno específico (o régimen estatal correspondiente), desviado o corrupto, a saber: democracia, oligarquía, cleptocracia, chorikocracia, o cualquier otro específico, así como las leyes que por esos poderes hayan sido establecidas.

Finalmente, si dicho abuso se quedara ahí, es decir, en beneficios o «privilegios legales», quizá no fuese tan grave un gobierno de ese tipo (o régimen estatal correspondiente). Pero la realidad es que esos tipos de gobierno, aun cuando algunos puedan resultar menos dañinos que otros conforme les sea factible (que no existan contrapesos, Estado de Derecho, o líderes opositores al menos), impondrán sus ideales, valores o visión de vida a todos los demás en detrimento de la libertad personal[15]. Se impondrá lo que se debe aceptar como bueno.

---

[15] Este último punto lo ha demostrado la experiencia hasta la saciedad. En regímenes totalitarios como el nazismo es más perceptible, es decir, se controla casi la totalidad de la vida de una persona (hasta con quién podían casarse los alemanes se llegó a determinar por medio de las Leyes de Núremberg: solo entre arios). En regímenes menos extremos, como en los autoritarismos, son menos perceptibles las imposiciones en la vida de las personas, pues se es más o menos libre, en la medida en que no se critique o atente contra el régimen. Aún así, en estos regímenes, es común que los medios de comunicación, los procesos de producción, entre muchos otros, estén bajo la dirección de sus dirigentes, es decir, como una imposición de ideales, valores o visión de vida.

En otras palabras, ante una ciudadanía indiferente, solo queda esperar un gobierno específico, es decir, el gobierno del líder, grupo organizado o multitud que logre tomar el poder. Si un gobierno de ese tipo, téngase por caso, estuviese compuesto por campesinos, no debería parecer extraño ver a sus miembros imponiendo sus ideales, valores o visión de vida a todos los demás, a medida que no encuentren obstáculos o puedan deshacerse de ellos. A fin de cuentas, el principal problema con esos tipos de gobierno no está en cómo quieren vivir sus miembros (sin tradiciones, sin religión o con alguna determinada, sin bebidas alcohólicas, entre muchas otras posibilidades), sino en que terminarán imponiendo su visión de vida —de una forma u otra— a todos los demás.

En conclusión, decir no a la corrupción implica *la ausencia de abusos del poder público en beneficio personal*. Por otra parte, aun cuando la corrupción se hace importante para una parte de la población que demanda justicia, su «combate» no es relevante si se queda en la superficialidad; es decir, si únicamente se «contrarrestan» las acciones de funcionarios corruptos —el abuso de un abuso—, y no las leyes y el poder de un gobierno específico (todo lo que compete al Estado).

Si hemos de entregar el alma por mejores condiciones de vida en nuestro país, con ánimos como los reflejados en las manifestaciones multitudinarias anticorrupción de la Guatemala de 2015, optimicemos nuestros esfuerzos. Apuntemos a establecer un tipo de gobierno y un régimen estatal que no favorezca solo a algunos (pobres, ricos, mujeres, campesinos, multitudes, grupos organizados, etcétera), fuente segura de conflictos, enemistades y discordias. Asumamos el reto que trasciende la lucha violenta, por ejemplo, el sentido gradual del cambio social; la consecución de un tipo de gobierno y un régimen estatal de *interés común de todos*. Este refleja el acuerdo de todos todo el tiempo, desde su aprobación, desde su Derecho. La República de Aristóteles es un excelente ejemplo de lo que podríamos aceptar. O dicho en otros términos, ¿por qué desperdiciar el tiempo en luchas vanas? ¿Por qué *sacrificar a los otros en nombre de ideales propios?* ¿Por qué favorecer siempre a algunos, minorías o mayorías? ¡¿Acaso no viven TODOS en un país?!

Análisis práctico del ejemplo de la Forma II

La moral: un arma de doble filo

Normalmente se configura la moral a partir de lo comúnmente aceptado en una sociedad, es decir, a menudo cada individuo juzga lo que considera bueno o malo de acuerdo a las normas imperantes del contexto social en el que está inmerso. Ahora bien, la moral no tiene por qué reducirse al cúmulo de normas imperantes de una sociedad específica o a cualquier convencionalismo social; puesto que, entre sus posibilidades, puede constituirse por normas, hábitos o principios relativos a referentes morales de distinta índole (a saber: sociedad/tradición, religión, naturaleza humana/felicidad, entre otros). Las posibilidades de la moral son increíblemente diversas, desde aceptar la religión dominante, el pensamiento político implícito en el régimen establecido, la legislación vigente, en fin, hasta aceptar por otro lado, cualquier religión o ninguna, un pensamiento político diferente al del régimen, o determinar que la legislación vigente no es más que un producto perjudicial. La posibilidades de la moral, por ende, están directamente determinadas por todo aquello aceptable como norma, hábito, principio o referente.

Ahora bien, dentro de todo lo que un humano puede aceptar como moral, existen dos casos de suma importancia (principalmente para quien ha aceptado o pretende aceptar la felicidad como referente moral): en uno el papel de la moral es fundamental para que una persona viva infeliz, y en el otro, su papel es lo contrario. De aquí se desprende, pues, la tesis del presente ensayo: la moral es fundamental para una vida infeliz o su contrario.

Previo a sustentar esta tesis, puede utilizarse la distinción —y enorme aporte— que hicieron dos integrantes de la Escuela de Madrid[1], es decir, puede comprenderse la moral en dos sentidos: moral como estructura y moral como contenido. De acuerdo a la primera distinción, los seres humanos somos constitutivamente morales, es decir, estamos dados para la moral. Los contenidos morales, por otro lado, son las normas, hábitos, principios o referentes que cada persona hace parte de su estructura. Con tal de ilustrar este punto, piénsese en que la «estructura moral» es un recipiente en el que

---

[1] Xavier Zubiri y José Luis López Aranguren. Ver José Luis L. Aranguren, *Ética*, Barcelona: Altaya, 1998, especialmente el capítulo 7 de la primera y segunda parte.

es factible verter los más diversos «contenidos»: desde agua o nutrientes por un lado, hasta veneno o productos tóxicos por el otro.

La autodestrucción
Si la moral, ahora bien, es un recipiente natural —moral como estructura— intrínseco en cada persona, en el cual se deposita, por así decirlo, diversos contenidos morales (normas, principios, hábitos o referentes), ¿por qué habría de ser fundamental para que alguien viva infeliz o feliz? Con respecto al primer juicio, es decir, la moral es fundamental para que una persona viva infeliz, se puede sostener que: *la moral, dado que contiene normas, principios, hábitos o referentes, estos pueden ser sumamente perjudiciales para la vida y la felicidad personal, pues si dictan que alguien debe prescindir de sus valores, que no debe deleitarse o que no debe ser digno de nada, es decir, si anulan su naturaleza, no solo le anulan la posibilidad de conservar su vida, sino definitivamente le anulan la posibilidad de conseguir una vida feliz* [2]. Así, por ejemplo, en el caso extremo de que alguien aceptase la norma moral: ¡No debo alimentarme más!, ¿cuánto viviría?, ¿no sería, acaso, esta norma sumamente perjudicial para su vida? ¿Y para qué hacer mención de su posible felicidad?

Lo que generalmente ocurre con este tipo de moral, sin embargo, es que una norma (principio, hábito o referente) perjudica de manera *paulatina*, como cuando anula a una persona con respecto a sus valores, deseos, o realización. Así es que si alguien anula consciente o inconscientemente sus valores a partir de una norma de este tipo, es decir, si nunca enfrenta sus miedos en función de lo que lo realiza (amor, trabajo, sueños, etcétera), si no encuentra nada en su persona digno de ser querido (amor a sí mismo), y si considera que sus deseos son intrínsecamente malos y que no debe deleitarse en esta vida (posición ascética), no tendrá más que un camino, justo como lo indica Hazlitt: «[Ello] solo puede resultar en suicidio o en una muerte voluntaria»[3].

---

[2] Este razonamiento es propio. Todo lo que engloba la naturaleza humana es más amplio, como se distingue a lo largo de la *Ética* de Aristóteles. Con respecto a la importancia de reconocer algo digno en sí mismo, ver «El amigo de sí mismo y el amigo de los demás. Retrato del hombre bueno y del malo», en el libro de Aristóteles, *Ética nicomaquea*, Buenos Aires: Losada, 2007, pp. 338 a 340.

[3] Ver Henry Hazlitt, *Los fundamentos de la moral*, Guatemala: Universidad Francisco Marroquín, 2012, pp. 199 a 212. Hazlitt justifica esta consecuencia a partir, exclusivamente, de que se acepte la posición ascética. Los demás agregados son míos.

Ahora bien, aun cuando ese alguien no llegue a tales extremos, ¿cómo podría vivir feliz en esas circunstancias, es decir, sin amor o sin realizarse en lo que tanto quiere, sueña o desea? En definitiva: ¿Cómo podría vivir feliz si anula sus valores, deseos, toda posibilidad de deleite o su propia naturaleza? Se tenga conciencia de ello o no, se tome en cantidades grandes o a cuentagotas, con ese tipo de moral, igual se ingiere veneno.

El autoperfeccionamiento
Por otro lado, si ya se es consciente de lo anterior y se pretende desintoxicar el organismo, un conjunto de normas morales distintas (así como de principios, hábitos o referentes), sí contribuyen a la vida de una persona y, según el caso, a su felicidad.

En ese sentido, en primer lugar deben dejarse atrás normas (principios…) que indiquen, expresen o ratifiquen máximas tales como: ¡Únicamente importa lo inmaterial! ¡No es bueno alimentarse![4] Puesto que, ¿cómo sobrevivir si se actúa en contra de la necesidad vital del alimento, de refugio o de medios afines?[5] En segundo lugar, por consiguiente, *son necesarias normas morales (principios…) que contribuyan o dependan de la felicidad personal*. En otras palabras, si una persona acepta como referente moral máximo su felicidad, deberá aceptar únicamente el tipo de normas (…) que no contraríen a esta última. En caso contrario, podría aceptar normas que le perjudiquen, como las que le exigen permanecer en una situación de maltrato (por ejemplo), por encima de su satisfacción, su realización y, desde luego, su felicidad.

Ahora bien, ya establecida la relación que conviene para la felicidad personal (entre las normas… y su referente moral), ¿será, pues, que lo que resta es decidir ser feliz? En otras palabras, ¿para conseguir una vida feliz basta afirmar: ¡he decidido ser feliz!?

---

[4] La cantidad correcta o el tipo de alimento adecuado dependerá de la necesidad de una persona. Sería erróneo alimentar a una persona enferma, a una que practica fisicoculturismo y a una que tiene tres años, con la misma porción.
[5] Parto de este caso extremo, a fin de de clarificar el argumento.

Para responder a las anteriores interrogantes, se puede proceder a partir de lo que implica cualquier decisión, es decir, a partir de una deliberación o de una evaluación de pros y contras. Ahora bien, por muy buena que sea una decisión o por mucha fuerza de voluntad que conlleve, solo será catalogada de exitosa ¡por sus resultados! Así, por ejemplo, la decisión de aprender un idioma únicamente será de utilidad hasta que genere resultados, es decir, hasta que se encuentren los medios adecuados para comunicarse en el idioma deseado. De manera análoga, la decisión de una vida feliz, por sí sola, por lo que implica cualquier decisión, no será de utilidad hasta que se encuentren los medios adecuados para vivir felizmente. *Por ende, una vida feliz implica trabajo y resultados; pues, de ninguna manera se da por añadidura a la decisión, sino por añadidura a los resultados exitosos de tal decisión.*

Ya planteada la relación entre las normas (…), el referente, y la decisión que conlleva una vida feliz, ¿cuáles son los medios morales adecuados para conseguirla? He aquí, pues, el papel correcto de las disposiciones morales —la forma de reaccionar ante un acto, pasión o emoción—, es decir, el papel de los hábitos llamados virtudes. Piénsese así: si una persona *ha decidido* eliminar de sí misma el tipo de normas que le son perjudiciales y *ha decidido* por referente moral máximo de su vida a su felicidad, ¿qué le hará falta? Pues ¡cambiar sus hábitos!, es decir, *su forma de reaccionar* ante las tareas que pretende emprender, ante sus pasiones, emociones y ante las acciones de los demás. Así, por ejemplo, si esa persona tiene claridad con respecto a las tareas que contribuyen a su realización, las que le son gratas, y aún así huye de ellas dado que está acostumbrada a ceder ante sus miedos, bien se le puede catalogar de cobarde; es decir, se ha forjado el hábito de la cobardía. Para que se forje el hábito de la valentía, no obstante, debería enfrentar sus miedos, en función de realizarse en tareas placenteras y gratificantes; en otras palabras, en función de su felicidad.

Ahora bien, con respecto a las formas correctas de reaccionar —virtudes— tanto ante las pasiones o emociones propias como ante las acciones de los demás, hay mucho que decir, pues habría que estudiar hábito por hábito, a fin de que cada persona se autoperfeccione o que contribuya a su felicidad. El propósito de este ensayo no llega a tanto. Sin embargo, no está de más estudiar otro caso: el de cómo reaccionar ante la ira, dada la pretensión de contribuir a la armonía interna de una persona y, claro está, a su felicidad. Respecto a este punto, considérese que hay dos formas viciosas de reaccionar ante la ira. Por un lado, están las personas acostumbradas a reprimir su ira (¿no se harán más daño así?), y por el otro, están las que la liberan sin el menor cuidado (¿cómo lograr una buena convivencia ante arrebatos constantes de este tipo?). La forma correcta de reaccionar ante ella, sin embargo, es aquella donde se libera sin dañar a los demás o a sí mismo, a menos que sea para proteger a un ser querido o a sí mismo[6].

Hábitos análogos a este último contribuyen a la armonía de una persona y, consecuentemente, a su felicidad. Ahora bien, no faltará quien objete que, aunque esa armonía se logre por medio de las virtudes, ello a lo más que contribuye en la vida de una persona es a que viva en paz, pero, ¿cómo fundamentar que un tipo de moral específico, a fin de cuentas, contribuye a su felicidad? En respuesta se puede afirmar: las virtudes, en su papel de medios, no solo contribuyen a la armonía interna de una persona, como en el caso de la ira, sino que también contribuyen a las tareas propias de la realización personal, *puesto que forjan el carácter necesario para desempeñarse en esas tareas.*

Los hábitos, por otro lado, son fundamentales para que una persona se ame a sí misma, dado que si no tiene nada de lo cual enorgullecerse (si no lo logra por medio de los hábitos buenos), o si no encuentra nada digno en sí misma, justo como señala Aristóteles[7], sencillamente no existe la posibilidad de que se ame a sí misma; esta es, pues, una condición natural. ¿Por qué no desechar aquellos libros en los que no se ha conseguido acertar?[8]

---

[6] El concepto «proteger» no se reduce a situaciones límite o de mucho peligro; es mucho más amplio. Incluye el respeto que se debe mantener hacia los seres queridos y hacia uno mismo.

[7] Ver «El amigo de sí mismo y el amigo de los demás. Retrato del hombre bueno y del malo», en *Ética nicomaquea, op.cit.*, pp. 338 a 340.

[8] Es curioso cómo tantas personas se repiten a sí mismas que son valiosas, sin tener éxito (generalmente como parte de su motivación personal). Es decir, no logran más que una pequeña alegría o no consiguen amarse.

En conclusión: la moral es fundamental para una vida infeliz, pues posibilita la aceptación de alguna norma (principio, hábito o referente) directamente perjudicial para la vida humana, como cuando la norma cumple el papel de referente moral máximo. En otras palabras, cuando la norma (...) está por encima de la felicidad personal.

Por otro lado, la moral es fundamental para una vida feliz, pues posibilita el que se acepten normas (...) de conformidad con la felicidad, como cuando se establece la felicidad como referente moral máximo y se actúa de acuerdo a dicho referente, eso sí, en la búsqueda de resultados. Los hábitos, no está de más agregar, contribuyen a dicho propósito, pues posibilitan la armonía, la realización personal, el amor propio..., es decir, la felicidad.

Ojalá lo anteriormente presentado se entendiera más, y así no se ingiriera cualquier cosa como «lo bueno». Se liga tanto la moral con lo supuestamente bueno (lo perjudicial), que no se dilucida cómo, norma a norma, hábito a hábito, principio a principio, referente a referente, así como puede favorecer, también puede ser sumamente perjudicial.

Bibliografía

Aristóteles. *Ética nicomaquea*. Buenos Aires: Losada. 2007.

———. *Política*. Buenos Aires: Losada. 2007.

Bloom, Harold. *Ensayistas y profetas. El canon del ensayo*. Madrid: Páginas de Espuma. 2010.

Brugger, Walter. *Diccionario de Filosofía*. Barcelona: Herder. 2000.

Bunge, Mario. *La ciencia, su método y su filosofía*. Buenos Aires: Patria. 1990.

Chudnoff, Elijah. *A Guide to philosophical Writing*. Massachusetts: Harvard College Writing Center. 2007.

Custodio, Olga. *La fábula satírica de Augusto Monterroso*. Guatemala: Cultura. 2008.

De Montaigne, Michael. *Ensayos*. Barcelona: Altaya. 1994.

———. *Ensayos (II)*. Barcelona: Altaya. 1995.

Feyerabend, Paul. *Tratado contra el método*. Madrid: Tecnos. 2000.

Fuster, Joaquín M. *Cortex and Mind: Unifying Cognition*. New York: Oxford University. 2003.

Gadamer, Hans-Georg. *El giro hermenéutico*. Madrid: Cátedra. 1998.

Galileo. *Carta a Cristina de Lorena y otros textos sobre ciencia y religión*. Barcelona: Altaya. 1994.

Gómez-Martínez, José Luis. *Teoría del ensayo*. México: UNAM. 1992.

Hazlitt, Henry. *Los fundamentos de la moral.* Guatemala: Universidad Francisco Marroquín. 2012.

Heidegger, Martin. *El ser y el tiempo.* México: Fondo de Cultura Económica. 1951.

Hume, David. *Ensayos políticos.* Madrid: Unión Editorial. 2005.

———. *Essays: moral, political, and literary.* Indianapolis: Liberty Fund. 2002.

Khun, Thomas S. *La tensión esencial. Estudios selectos sobre la tradición y el cambio en el ámbito de la ciencia.* Madrid: Fondo de Cultura Económica. 1993.

———. *¿Qué son las revoluciones científicas?* Barcelona: Altaya. 1994.

L. Aranguren, José Luis. *Ética.* Barcelona: Altaya. 1994.

López Hidalgo, Antonio. "El ensayo periodístico" en *Estudios Sobre El Mensaje Periodístico* 8. Enero 2002. pp. 293 a 306.

Mligo, Elia Shabani. *Writing Academic Papers.* Eugene, Oregon: Wipf and Stock Publishers. 2012.

Neugeboren, Robert con Jacobson, Mireille. *Writing Economics.* Cambridge, Massachusets: Harvard College Writing Center. 2014.

Orbaugh, Warren. *Objetivismo: la filosofía benevolente.* Guatemala: Episteme. 2015.

Ortega y Gasset, José. *Meditaciones del Quijote.* Madrid: Cátedra. 2012.

Orwell, George. *Ensayos.* Barcelona: Random House Mondadori. 2013.

Popper, Karl. *El mito del marco común. En defensa de la ciencia y la racionalidad.* Barcelona: Paidós Ibérica. 1997.

Sabino, Carlos. *Guatemala, la historia que vivimos 1985-2015.* Guatemala: Grafíaetc. 2017.

Strong, Michael. *The Habit of Thought. From Socratic Seminars to Socratic Practice.* Chapel Hill, NC: New View Publications. 1997.

W. Adorno, Theodor. *El ensayo como forma.* Artículo inédito. 1958-1959.

Páginas de internet consultadas

http://www.transparency.org/what-is-corruption/#define

http://www.thelatinlibrary.com/justinian/digest1.shtml

SOBRE EL AUTOR

Daniel Ernesto López Fetzer, DELF, es catedrático universitario y escritor. Lleva más de una década estudiando ética, política, teoría del conocimiento, lógica, estética, literatura y economía a nivel universitario. Se ha formado, principalmente, a partir de los postulados de la Escuela de Madrid y de la Escuela Austriaca. Ahora bien, su especialidad es la ética clásica. Dirigió y defendió el seminario *Aproximación a la ética de Aristóteles* entre los años 2014 y 2016, en la Universidad Francisco Marroquín.

Este libro es el resultado de la aplicación de la forma anglosajona para elaborar ensayos, a estudiantes de distintas carreras universitarias entre los años 2013 y 2020. También de la aplicación de otras formas lógicas, como una que ha sido desarrollada a partir de las consideraciones del filósofo Karl Popper, respecto a situaciones problemáticas. Pero sobre todo es el fruto de la teorización personal de fenómenos, del continuo proceso experiencia-análisis, y del aprendizaje y superación de convencionalismos académicos, ¡de una manera atractiva, artística y amena!

www.ingramcontent.com/pod-product-compliance
Lightning Source LLC
Chambersburg PA
CBHW030236100526
44584CB00015BB/1544